अब हमें
बदलना होगा

लेखक की पुस्तकें

जिंदगी न मिलेगी दोबारा
एन. रघुरामन
युवा भारत की नई पहचान
एन. रघुरामन
अब हमें बदलना होगा
एन. रघुरामन
फिर भी जिंदगी खूबसूरत है
लक्ष्य प्राप्ति के फंडे
इरादे हों तो ऐसे
जब सोचो बड़ा सोचो
एन. रघुरामन
इंसानियत के फंडे
खुशहाल फैमिली के फंडे
Positive सोच के फंडे
नए दौर के बिजनेस फंडे
Business की Wow सोच
जीवन जीने के फंडे
सफल बिजनेस के फंडे
लीडरशिप के फंडे
स्मार्ट बनने के फंडे

अब हमें बदलना होगा

एन. रघुरामन

प्रभात
पेपरबैक्स
www.prabhatbooks.com

प्रकाशक

प्रभात पेपरबैक्स

4/19 आसफ अली रोड, नई दिल्ली–110002

फोन : 23289555 • 23289666 • 23289777 ❖ फैक्स : 23253233

इ–मेल : prabhatbooks@gmail.com ❖ वेब ठिकाना : www.prabhatbooks.com

संस्करण

2019

मूल्य

एक सौ पचहत्तर रुपए

अ.मा.पु.स. 978-93-5186-709-8

मुद्रक

नरुला प्रिंटर्स, दिल्ली

AB HAMEN BADALNA HOGA

by N. Raghuraman

Published by **PRABHAT PAPERBACKS**

4/19 Asaf Ali Road, New Delhi-110002

ISBN 978-93-5186-709-8

₹ 175.00

पूज्य

माता जयाकल्याणी

एवं

पिता वी. नटराजन को समर्पित,

जिन्होंने मेरी क्षमताओं पर विश्वास किया

कि मैं इस दुनिया के लिए कुछ

अच्छा कर सकता हूँ।

वे मेरे मन-मस्तिष्क में

सदैव अंकित रहेंगे।

भूमिका

2020 तक कर्मचारी खुद ही स्थायी रूप से अस्थायी होना पसंद किया करेंगे, क्योंकि इससे उन्हें अपनी जवानी के 40 साल एक ही कंपनी या कार्यालयों में बँधे रहने के बजाय जीवन में वह सब करने की स्वतंत्रता मिलती है, जो वे करना चाहते हैं।

कर्मचारी ग्राहक हो जाएँगे और प्रतिभा बेचने का स्थान प्रतिभा अधिग्रहण ले लेगा। हमारे अधिकतर आईटी कार्यालय निश्चित स्थान पर 9 से 5 के परंपरागत काम के ढर्रे से काफी आगे निकलकर मोबाइल वर्क प्लेस और सुविधानुसार समय तक पहुँच गए हैं। रिक्रूटमेंट और परफॉर्मेंस रेटिंग स्वचालित हो चुके हैं। हाजिरी मोबाइल या हस्तचालित उपकरणों के जरिए होने लगी है। अगर 10 सालों में हम निश्चित स्थान के कार्यस्थल से चलते-फिरते कार्यस्थल तक का सफर तय कर चुके हैं, तो अगले पाँच सालों में और क्या हो जाएगा?

बड़ी कंपनियाँ नई कंपनियों से कड़ी प्रतिस्पर्धा महसूस करने लगी हैं और नई कंपनियाँ कुछ बड़ी सड़कों या मॉल की खुदरा दुकानों की तरह खुल रही हैं। जागने से सोने तक का सबकुछ बदलने ही वाला है और अगर हम इस बदलाव को स्वीकार नहीं करेंगे तो प्रतिस्पर्धा में टिक पाना हमारे लिए कठिन होगा।

पढ़ने का आनंद लीजिए।

—एन. रघुरामन

अनुक्रम

ऐसा कुछ नहीं है जिसे बदला न जा सके

पहली कहानी—तमिलनाडु में चेन्नई से 150 किमी. की दूरी पर एक गाँव है थंदलम। पिछले नौ साल में यह गाँव कई लोगों के लिए मिसाल बन चुका है। इसके लिए बधाई की पात्र हैं राधा पार्थसारथी। वे 2004 से ही इस गाँव में बदलाव के लिए कोशिश कर रही हैं। सबसे पहले उन्होंने गाँव के हर घर में टॉयलेट बनवाने का अभियान चलाया। पूरे गाँव में 260 टॉयलेट बने, जिस पर 15.60 लाख रुपए खर्च हुए। स्वच्छ और साफ-सुथरे गाँव के तौर पर थंदलम को भारत के तत्कालीन राष्ट्रपति ने 'निर्मल ग्राम पुरस्कार' भी दिया था। फिर उन्होंने गाँव के टूटे-फूटे मंदिरों को बनवाया। थंदलम और उसके आस-पास कभी कम बारिश नहीं हुई। लिहाजा राधा ने गाँव के लोगों को रेनवाटर हार्वेस्टिंग (बारिश के पानी का संरक्षण) की तकनीक भी सिखा डाली।

राधा ने विभिन्न प्रशासनिक स्तरों पर संपर्क किया। गाँव में स्ट्रीट लाइट, पेयजल आपूर्ति के लिए पंप और दो सीमेंटेड सड़कों की सुविधा दिलाई। उन्होंने अगला लक्ष्य तय किया गाँव में स्वास्थ्य सुविधा दिलाने का। लेकिन यह सिर्फ गाँववालों के लिए नहीं, जानवरों के लिए भी। उनका मानना है कि गाँववाले अपनी खेती-बाड़ी के लिए पूरी तरह जानवरों पर निर्भर होते हैं। इसलिए उनके जानवरों के स्वास्थ्य की देखभाल भी जरूरी है। आज इस गाँव में इनसानों और जानवरों, दोनों के लिए स्वास्थ्य केंद्र मौजूद हैं। गाँववाले इससे काफी खुश हैं। इसके बाद भी राधा के प्रयास रुके नहीं। उन्होंने दयनीय हालत में पड़े गाँव के स्कूल को दोबारा बनवाया। वहाँ मध्याह्न भोजन की व्यवस्था दुरुस्त की। कंप्यूटर सेंटर स्थापित किया। आज गाँव के इस स्कूल में 330 बच्चे पढ़ रहे हैं। स्कूल के शिक्षकों को शाम के समय या सप्ताह के अंत में अन्य पढ़े-लिखे लोगों से प्रशिक्षण का इंतजाम किया। इससे फर्क नजर आया। यह स्कूल अब पूरे गाँव में सबसे सक्रिय जगह

बन चुका है। गाँववालों को राधा ने जैविक खेती के तौर-तरीके भी सिखाए। जैविक खाद बनाना और उसका उपयोग। जैविक कीटनाशकों का इस्तेमाल करना। जैविक खेती से भी गाँववालों को फायदा हुआ। राधा ने इसके बाद गाँव की महिलाओं को इकट्ठा किया। उनके समूह बनाए। एक समूह को बिल्कुल परंपरागत तरीकों से मसाला पाउडर बनाना सिखाया। पाउडर बनाते समय महिलाओं को हाथ में दस्ताने और मुँह पर मास्क लगाने की अहमियत समझाई, ताकि साफ-सुथरे तरीके से मसाले बनाए और पैक किए जा सकें। दूसरे समूह को उन्होंने आस-पास के साप्ताहिक हाट में जाकर गाँव के बने मसाले वगैरह बेचने का प्रशिक्षण दिया। सेल्स टीम ने भी पूरी योजना के साथ काम किया, ताकि नतीजे बेहतर हों।

इस टीम ने बाकायदा चार्ट बनाया। उसमें उल्लेख किया कि आस-पास के गाँवों में क्या बेचा जा रहा है, किस चीज की माँग है। उसी के हिसाब से पहली टीम ने उत्पादन पर फोकस किया। यह प्रक्रिया पूरे हफ्ते चलती है। राधा अब गाँववालों को जैविक तरीके से उगाई सब्जियों से अचार बनाना सिखा रही हैं। गाँव की महिलाएँ उत्पादों के स्वतंत्र रूप से ऑर्डर लेना और उनके हिसाब से आपूर्ति के गुर सीख रही हैं। औद्योगिक संगठन 'फिक्की' की महिला इकाई ने दिल्ली में पिछले हफ्ते 30 महिलाओं को सम्मानित किया। इनमें राधा पार्थसारथी भी एक थीं। उन्हें मानवता और सामाजिक कार्यों के लिए पुरस्कार दिया गया।

दूसरी कहानी—महज 110 दिन के भीतर 1,000 वर्गमीटर जमीन में 14 टन खीरे का उत्पादन। वह भी बिल्कुल जैविक तरीके से। तमिलनाडु के ही मदुरै में थुयानेरी गाँव के अरुल प्रकाशम ने यह कारनामा किया है। उन्हें इस काम में उद्यानिकी विभाग ने भी मदद दी है। इस उत्पादन में कुल लागत आई 6.5 लाख रुपए। इसमें से आधी रकम सरकार से सब्सिडी के तौर पर मिली। अरुल ने यह उपलब्धि प्रभावी जल प्रबंधन के जरिए हासिल की। फसल को कीट-पतंगों से बचाने का इंतजाम भी सही ढंग से किया। सूरज की सीधी रोशनी न पड़े! इसलिए अल्ट्रावॉयलेट ट्रीटमेंटवाली पॉलीशीट से फसल को ढककर रखा, और नतीजा सामने है!

फंडा यह है कि ये दो कहानियाँ बताती हैं कि अगर आप में बदलाव लाने का इरादा है, तो आप ला सकते हैं। चाहे व्यक्तिगत स्तर पर हो या समाज में।

□

छोटी मदद से भी जीवन सँवारा जा सकता है

महावीर प्रसाद घनश्याम सर्राफ मुंबई में जुहू स्थित अपने निवास के आस-पास सुबह की सैर कर रहे थे। कूपर अस्पताल के पास से गुजरते हुए उन्होंने कुछ लोगों को रोते हुए देखा। वे समझ गए कि उन लोगों का कोई रिश्तेदार किसी बीमारी के कारण नहीं रहा। सर्राफ उनके दुःख में पूरी तरह भागीदार नहीं हो सकते थे। फिर भी उन्होंने वहाँ एक दुकान से पानी की कुछ बोतलें लीं। उन लोगों के पास गए, उन्हें सांत्वना दी और उनसे जमीन पर बैठकर पानी पीने के लिए कहा। वहाँ पर नीचे बैठने के अलावा कोई और जगह नहीं थी।

उसी दिन वे शाम को अस्पताल अधिकारियों के पास गए और उनसे वहाँ कुछ बेंच रखने की अनुमति माँगी, ताकि बाहर से आनेवाले लोग उनका उपयोग कर सकें। अस्पताल ने सहमति दे दी और चार दिन बाद बगैर किसी ताम-झाम के बेंचों को वहाँ रख दिया गया। सच तो यह है कि उन्हें कोई नहीं जानता और कोई जान भी नहीं पाएगा कि ऐसा किसने किया है? मलाड में गुजराती माध्यम के 'लालूचंद हाई स्कूल' से एसएसएलसी पास सर्राफ ने एक कुरसी-टेबल और पाँच सौ रुपए के साथ अपने व्यवसाय की शुरुआत की थी। शुभारंभ के लिए किसी ने शगुन के बतौर एक रुपए दिया था। उन्होंने अपनी कंपनी का नाम 'सुपरटैक्स' रखा। इधर, बेंच दान में देने की उनकी स्कीम जोर-शोर से चल रही है। मुंबई जैसे महानगर में अब तक 18,900 बेंचें दान की जा चुकी हैं। हर दिन इसमें एक या दो बेंच जुड़ जाती हैं।

सर्राफ सुबह छह बजे तक सहायता के लिए आनेवाले सभी आवेदनों को निपटा देते हैं। उनका कहना है कि कोई भी कर्मचारी दूसरे लोगों की जरूरत को नहीं जान

सकता, क्योंकि उसने उस तरह का जीवन नहीं जिया होता है। चूँकि वे बहुत साधारण परिस्थिति से आगे बढ़े हैं, लिहाजा उन्हें भरोसा है कि वे किसी की जरूरत को समझ सकते हैं।

जब वे किसी विकलांग व्यक्ति को अपने नाते-रिश्तेदारों का सहारा लेकर दफ्तर में आते देखते हैं और जब उसे 'जयपुर फुट' के साथ बाहर जाते देखते हैं तो उन्हें बहुत संतोष होता है। वे सभी आवेदकों की जानकारी खुद लेते हैं। उनके कौशल को परखते हैं। उसके बाद संबंधित व्यक्ति की मदद करते हैं। वे जरूरतमंद महिलाओं को इडली बनानेवाली मशीन तक दान दे चुके हैं। इससे महिलाओं को रोजगार का जरिया मिलता है। वे महिलाओं को प्रेशर कुकर भी देते हैं, ताकि वे आसानी से भोजन पका सकें। उनका मानना है कि इन छोटी-छोटी बातों ने लोगों के जीवन को बदल डाला है।

वे ठंड के दिनों में गरीबों को कंबल और ऊनी कपड़े बाँटते हैं। बारिश के मौसम में स्कूल जानेवाले बच्चों को रेनकोट देते हैं, ताकि वे भीगने से बच सकें। सर्राफ गरीब बस्तियों में रहनेवाले बच्चों को स्कूल जाने के लिए बस सुविधा उपलब्ध कराने की बजाय उन्हें साइकिल देते हैं। साइकिल के कारण बच्चों में स्कूल जाने का उत्साह रहता है। जिन लोगों को ये चीजें मिलती हैं, उनकी आँखों में संतोष का जैसा भाव होता है, उसके मुकाबले रेनकोट, प्रेशर कुकर या इडली बनानेवाली ग्राइडिंग मशीन की कीमत बहुत कम होती है।

फंडा यह है कि अगर आप अमीर हैं और आपके पास दान देने के लिए पैसा है, तो आपको बहुत बड़ी मदद करने की जरूरत नहीं है। आप छोटी-छोटी चीजें देकर और मदद करके लोगों की जिंदगी बदल सकते हैं। ऐसी मदद गरीबों का जीवन सँवार सकती है।

□

जब आप किसी अनजान की सहायता करते हैं तो वह सच्ची 'मदद' होती है

रेलवे बोर्ड, नई दिल्ली में आशुतोष गर्ग डिप्टी डायरेक्टर हैं। वे विकास पुरी में रहते हैं। जब भी उन्हें ऑफिस या शहर में किसी जगह जाना होता है तो वे उत्तम नगर ईस्ट स्टेशन से मेट्रो पकड़ते हैं। गर्ग 28 मई, 2013 को 3.30 बजे ट्रेन पर चढ़े। जब ट्रेन तिलक नगर स्टेशन पहुँची तो वहाँ उन्हें कोलकाता के सुजॉय मजूमदार मिले। उनके साथ छह लोग थे। दो बुजुर्ग व दो जवान महिलाएँ और दो बच्चे। उन्होंने गर्ग से पूछा कि ट्रेन 'आर.के. आश्रम मार्ग स्टेशन' कितने बजे पहुँचेगी? उन्हें बताया गया कि करीब 25 मिनट लगेंगे। यह सुनते ही उनके चेहरे पर चिंता झलक पड़ी। गर्ग ने वजह पूछी तो उन्होंने बताया कि उन्हें कोलकाता जानेवाली 'दिल्ली-सियालदाह राजधानी एक्सप्रेस' पकड़नी है। यह दिल्ली स्टेशन से 4.30 बजे रवाना होती है। उनके साथ छोटे-बड़े आठ लगेज भी थे।

जिस तरह से मजूमदार बेचैन हो रहे थे, उसे देखकर गर्ग को महसूस हो गया कि उन्हें मदद की जरूरत है। उन्होंने तय कर लिया कि वे जितनी हो सकेगी, मजूमदार की मदद करेंगे। पहले उन्होंने सोचा कि वे उन लोगों को ऑटो रिक्शा ढूँढ़ने में मदद करेंगे। वे 'आर.के. आश्रम मार्ग स्टेशन' पर उन लोगों के साथ उतर भी गए। वहाँ पहुँचकर उन्होंने देखा कि कोई ऑटो रिक्शा है ही नहीं। फिर भी वे किसी तरह बैटरी से चलनेवाले रिक्शा ढूँढ़ लाए। उन्हें इस बीच महसूस हुआ कि अगर वे इस परिवार की आगे भी मदद नहीं करेंगे तो शायद उन लोगों की ट्रेन छूट जाएगी। उस वक्त शाम के 4.05 हो चुके थे। सिर्फ 25 मिनट बाकी थे। वे उनके साथ हो लिये। नई दिल्ली स्टेशन पर पहाड़गंज की तरफ वाले प्रवेश-द्वार

पर जाम लगा हुआ था। वहाँ कोई एक्सीडेंट हुआ था। गर्ग ने फुरती से एक कुली बुलाया। कुछ सामान उसे पकड़ाया। दो बैग उन्होंने और मजूमदार ने ले लिये। तेजी से सभी प्लेटफॉर्म नंबर-13 की तरफ लपके। यह अजमेरी गेट की तरफ था। ट्रेन वहीं से छूटनी थी। रास्ते में मजूमदार ने बताया कि प्लेटफॉर्म नंबर-16 वाले क्लॉक रूम में उनके छह सूटकेस और रखे हैं। सामान और मजूमदार परिवार के लोगों को प्लेटफॉर्म-13 पर छोड़कर वे दोनों प्लेटफॉर्म-16 की ओर दौड़े। जाते-जाते कुली से कह गए कि वह महिलाओं और बच्चों को ट्रेन में बिठा दे।

क्लॉक रूम पहुँचकर गर्ग ने देखा कि सूटकेस काफी भारी हैं। वे लोग उन्हें नहीं ले जा सकते। यहाँ तक कि कुली भी एक बार में दो ही सूटकेस लेकर जा सकता है। उन्होंने आस-पास देखा। वहाँ दो ही कुली थे। दोनों ने जो मेहनताना बोला, उन्होंने 'हाँ' कर दी और साथ ले लिया, लेकिन दो सूटकेस अब भी बाकी थे। गर्ग ने क्लॉक रूम इंचार्ज को अपना आईकार्ड दिखाया। उसने उन्हें एक आदमी दे दिया। जब तक तीसरा कुली नहीं मिला, वह आदमी उनके दो सूटकेस लेकर साथ चला। इस पूरी भागम-भाग के बीच घड़ी पर नजर गई तो देखा कि ट्रेन छूटने में सिर्फ पाँच मिनट बचे थे। प्लेटफॉर्म पर पहुँचते-पहुँचते चार मिनट ही रह गए। वहाँ पहुँचकर गर्ग ने मज़ूमदार से कहा कि पहले वे ट्रेन में चढ़ जाएँ। फिर कुलियों की मदद से उन्होंने सभी छह सूटकेस कोच में फेंक दिए। इसी बीच उनकी नजर पड़ी कि मजूमदार की बूढ़ी माँ प्लेटफॉर्म पर ही खड़ी हैं। कोच के गेट पर सूटकेस पड़े हुए थे। वे अंदर नहीं जा सकती थीं। मजूमदार भी नीचे नहीं आ सकते थे। इतने में गाड़ी चल पड़ी।

गर्ग ने मजूमदार की माँ को सहारा दिया और उन्हें चलती ट्रेन में ही कोच के दूसरे दरवाजे से भीतर धकेल दिया। हालात ये थे कि पाँच सेकेंड की भी देर होती तो मजूमदार परिवार की ट्रेन छूट जानी थी या फिर उनकी माँ प्लेटफॉर्म पर ही रह जातीं। इतने में ही चलती गाड़ी से मजूमदार की तेज आवाज गर्ग के कानों में पहुँची, 'थैंक यू।' गर्ग के ऑफिस में मीटिंग थी। वे 20 मिनट पहले ऑफिस पहुँच गए। एक अनजान मजूमदार परिवार की मदद करते हुए उनके पूरे 30 मिनट खर्च हुए थे। लेकिन उनके मन में संतोष था कि यह वक्त उनका बरबाद नहीं हुआ, बल्कि बेशकीमती रहा था। अगर वे उस परिवार की मदद न करते तो उन्हें बड़ा नुकसान हो जाता। उनका समय, ऊर्जा, पैसा सब बेकार चला जाता।

फंडा यह है कि अगर आप वाकई किसी की मदद करना चाहते हैं तो किसी अनजान व्यक्ति की सहायता कीजिए। ज्यादा नहीं तो एक संतोष आपको मिलेगा ही। 'मदद' शब्द के सही अर्थ का अनुभव आपको तभी होगा, जब किसी अनजान व्यक्ति की मदद करें। मजूमदार ने खुद इस घटना के बारे में 'दैनिक भास्कर' को बताया। साथ में यह जोड़ते हुए कि इस दुनिया में 'भगवान् हैं।'

□

आपके भीतर है समाज को बदलने की ताकत

क्रांतिकारी सतीश प्रसाद झा का गृहनगर है बाँका। सतीश वे ही हैं, जिन्होंने 11 अगस्त, 1942 को पटना के नजदीक सचिवालय की बिल्डिंग पर तिरंगा फहराया था। बाँका भागलपुर संभाग का हिस्सा है। करीब 3,020 वर्ग किलोमीटर का क्षेत्र। आकार के लिहाज से कनाडा के एकिमिस्की द्वीप के बराबर। हिंदू और जैन पर्यटन केंद्रों के लिए बाँका विशेष तौर पर जाना जाता है। इसके बावजूद एकिमिस्की द्वीप के उलट पूरे क्षेत्र में 2008 तक अशिक्षा का स्तर काफी ज्यादा था। शिशु मृत्यु दर भी काफी ऊपर थी। पीने का साफ पानी भी मुहैया नहीं था, लेकिन सन् 2013 के आते-आते पूरा क्षेत्र हरा-भरा और सिंचित है। आमों के बगीचे, बच्चों के लिए स्कूल और सभी के लिए पीने का पानी भी उपलब्ध है। महिलाओं के लिए व्यावसायिक शिक्षा का भी बंदोबस्त है, जिससे नई महिला उद्यमियों की फौज तैयार हो रही है। हर गाँव में स्वास्थ्य केंद्र की भी सुविधा है।

पानी की समस्या की वजह से पहले अगर कोई इस इलाके के लोगों से उनके बच्चों को स्कूल भेजने को कहता तो वे मना कर देते थे। बच्चों को काम के लिए अतिरिक्त हाथ के तौर देखा जाता था। पठार का यह क्षेत्र पूरी तरह मानसून पर आश्रित था। लोगों के सिंचाई के तौर-तरीके भी बहुत उन्नत नहीं थे। इस समस्या को अच्छी तरह से समझा दीपक साहा ने, जो आईएएस बन सकते थे। उन्होंने सन् 1990 में सिविल सेवा परीक्षा पास भी कर ली थी, लेकिन अपने गृह राज्य के 40 गाँवों में बदलाव लाने के लिए उन्होंने आरामतलब जिंदगी छोड़ दी। पानी की समस्या पर उन्होंने सबसे पहले काम किया। छोटे-छोटे चैक डेम्स बनाकर जलस्तर को बेहतर किया। आज पूरे इलाके में गाँवों की जमीन उपजाऊ हो चुकी है। बढ़िया फसलें भी हो रही हैं। दीपक साहा ने सन् 1990 से ही काम शुरू किया था।

सरकारी नौकरी ज्वॉइन करने की बजाय वे गृह जिले भागलपुर लौट आए। यहाँ अपनी माँ के द्वारा चलाए जा रहे एनजीओ 'जयप्रभा' को ज्वॉइन किया। आज उन्हें सामाजिक कार्य करते हुए पूरे 23 साल हो गए। क्षेत्र की करीब-करीब 100 फीसदी आबादी को उनके प्रयासों से पीने का साफ पानी मिल रहा है। करीब 131 बोरवैल और हैंडपंप खोदे गए हैं। पिछले पाँच साल में बच्चों को जन्म देनेवाली एक भी महिला की मौत नहीं हुई है। साक्षरता दर का स्तर पर भी 100 के आस-पास है। महिलाओं को सिलाई-कढ़ाई, बुनाई, कसीदाकारी जैसे कई कामों का प्रशिक्षण दिया जा रहा है। इसी का प्रभाव है कि यहाँ महिलाएँ शहरों की महिलाओं की तरह आज 'किटी पार्टी' वगैरह की बातों में व्यस्त नहीं रहतीं, बल्कि अपना कोई काम शुरू करने पर विचार-विमर्श करती रहती हैं। अच्छे कपड़े पहनती हैं। अपने पैसों का हिसाब-किताब भी खुद रखती हैं। बैंक जाती हैं। लोन के लिए बैंक मैनेजरों से खुद बातचीत करती हैं। आधुनिक विश्व के साथ कदम से कदम मिलाने के लिए जो बन पड़ रहा है, वे सब कर रही हैं। पूरा इलाका नक्सल प्रभावित माना जाता है, लेकिन यहाँ बच्चों और महिलाओं के चेहरों पर डर का नामो-निशान तक नहीं दिखता।

दीपक इस क्षेत्र में 15 प्राइमरी स्कूल चलाते हैं। यहाँ नाच-गाकर बच्चों को शिक्षित करने का तरीका अपनाया जाता है। स्कूल में पढ़ाने के बाद वे बच्चों की माँओं की मदद करने पहुँच जाते हैं। 'स्वसहायता समूहों' की साप्ताहिक बैठकों में वे मौजूद होते हैं। उनके प्रयासों से ही क्षेत्र की महिलाएँ पहली बार घरों से बाहर आई हैं। 'स्वसहायता समूहों' से मिलनेवाले छोटे-मोटे लोन की मदद से वे खुद का कोई-न-कोई काम कर रही हैं। इस तरह वे परिवार की आमदनी में अपना योगदान दे रही हैं।

फंडा यह है कि दीपक साहा जैसे लोगों के थोड़े से प्रयास से अगर क्षेत्रीय स्तर पर इतने बदलाव आ सकते हैं, तो आप क्यों ऐसा नहीं कर सकते? आपमें क्षमता है, ताकत है। अब आपके ऊपर है कि आप अपनी क्षमताओं, ताकत का खुद के लिए इस्तेमाल करते हैं या समाज में बदलाव लाने के लिए!

□

सम्मान पाने के लिए समाज की निस्स्वार्थ सेवा करें

जिन दो गाँवों का हम जिक्र कर रहे हैं, वे बिहार के पश्चिम चंपारन जिले में हैं। भारत-नेपाल सीमा पर स्थित हैं नरकटियागंज व बेतिया। चतुर्भुज मिश्र नरकटियागंज के हैं। वे बेतिया में बतौर लाइब्रेरियन नौकरी करते हैं। उनके गाँव में उनका एक बड़ा सा घर है। दोनों गाँवों के बीच दूरी भी महज 39.4 किलोमीटर है। इसके बावजूद उन्होंने बेतिया में ही रहने का फैसला किया है। एक छोटे से कमरे में, जोकि शायद उनके अपने घर के टॉयलेट से भी छोटा हो। पिछले सात-आठ साल से उन्हें तनख्वाह नहीं मिली है। ऐसे में उनके पास विकल्प था कि वे नौकरी छोड़ दें, लेकिन वे ऐसा करते तो इस इलाके के करीब एक हजार छात्रों का भविष्य खतरे में पड़ जाता।

पश्चिम चंपारन की इस 'महाराजा हरेंद्र किशोर सिंह जिला लाइब्रेरी' में करीब 12 हज़ार पुस्तकें हैं। ज्यादातर खराब हालत में। लोग यहाँ आम तौर पर अखबार पढ़ने आते हैं, लेकिन जिस दो एकड़ की जमीन पर यह लाइब्रेरी है, वहाँ एक मंदिर भी है। कई लोगों के लिए यह सिर्फ एक मंदिर है और कई के लिए यह पढ़ने की सबसे शांत और सुविधाजनक जगह है। यहाँ वे समूह में बैठकर परीक्षाओं की प्रैक्टिस और तैयारी करते हैं। करीब 30-40 साल से 'गुरुजी' इन छात्रों के छोटे-छोटे समूह बना देते हैं। उन्हें बताते हैं कि क्या पढ़ना है। कैसे तैयारी करनी है। यह तरीका प्रभावी भी रहा है। बड़ी सफलताएँ मिली हैं इसके जरिए। तरीका इस कदर चलन में आ चुका है कि 'गुरुजी' न भी कहें तो भी ग्रेजुएट छात्र खुद 25-40 बच्चों के समूह बना लेते हैं। अपनी तैयारी कर लेते हैं।

जहाँ तक लाइब्रेरी का ताल्लुक है, तो यह सुबह नौ बजे से शाम छह बजे तक खुलती है। सुबह सात बजे के आस-पास करीब हजार छात्र यहाँ आ जाते हैं। बड़े

से कैंपस में कोई-न-कोई कोना तलाशकर पढ़ाई शुरू कर देते हैं। पूरा मैनेजमेंट सिस्टम इस तरह का है कि यहाँ छात्रों के हर समूह का एक नाम है। एक लीडर होता है। अटेंडेंस की व्यवस्था है। समूह के किस छात्र ने कितनी परीक्षाएँ दी हैं, किसकी क्या ताकत है, क्या कमजोरी है, सबकुछ लिखा हुआ है। उसी के हिसाब से उसे ग्रुप के अन्य सदस्य सहयोग देते हैं। दूसरे ग्रुप के सदस्यों से भी एक-दूसरे को मदद मिल जाती है। आर्थिक दंड भी लगता है, उन लोगों पर, जो प्रतियोगी परीक्षाओं में कम नंबर लाते हैं। इस तरह से जो पैसा इकट्ठा होता है, उससे पुस्तकें और परीक्षाओं से संबंधित दूसरी अध्ययन सामग्री खरीदी जाती है। यह इसलिए, ताकि छात्र सभी प्रतियोगी परीक्षाओं में शामिल हो सकें।

हर ग्रुप से साल-दर-साल कुछ सदस्य अलग हो जाते हैं, क्योंकि उनका किसी-न-किसी परीक्षा में चयन हो जाता है। नौकरी मिल जाती है। उनकी जगह नए सदस्य ग्रुप से जुड़ जाते हैं। जिस छात्र का चयन हो चुका है, वह वापस आकर कुछ-न-कुछ सहयोग राशि देता है, जिससे कि उसके ग्रुप के दूसरे छात्र भी सफल हो सकें और कहीं-न-कहीं नौकरी हासिल कर सकें।

बीच में जिन 'गुरुजी' का जिक्र आया है, वे असल में मिश्राजी ही हैं। चूँकि उन्हें तनख्वाह नहीं मिल रही है, इसलिए कस्बे के ही भले लोगों ने उनकी मदद के लिए एक कोष स्थापित कर दिया है। इस कोष से इन 'निस्स्वार्थ गुरुजी' को हर महीना 1500 रुपए मिल जाते हैं। इन पैसों से वे अपना महीने भर का खर्चा चलाते हैं। खाना, कपड़ा, आना-जाना सबकुछ इसी से करते हैं। कोई नहीं चाहता कि मिश्राजी रिटायर हों। आज हालत यह है, अगर वे रिटायर होना चाहें भी, तो नहीं हो सकते, क्योंकि लोग जानते हैं कि इस इलाके के बच्चों के लिए अँधेरी सुरंग के मुहाने पर वे इकलौती रोशनी हैं। जिन बच्चों को लगता था कि उन्हें मिश्राजी की निस्स्वार्थ सेवा से जीवन में लाभ हुआ है, उन्होंने उन पर एक पुस्तक जारी की। इस इलाके में बच्चे अगर अपने माता-पिता के बाद किसी की पूजा करते हैं तो वे ये 'गुरुजी' हैं।

फंडा यह है कि अगर आप चाहते हैं कि लोग आपको पूछें, आपकी पूजा करें तो निस्स्वार्थ होना होगा। समाज के लिए कुछ कर गुजरने का जुनून ही आपको सबसे ज्यादा 'पूछ-परखवाला इनसान' बना सकता है।

□

जैसे हैं, वैसे ही रहें, किसी की नकल न करें

सोमवार सुबह जयपुर में एक ट्रक ने माँ और बेटी को कुचलकर मार दिया। पिता आने-जानेवालों से मदद के लिए गुहार करता रहा। इस कहानी के जरिए मनुष्य के स्वभाव को जानने का मौका मिलेगा। एक बूढ़े आदमी ने बिच्छू को डूबते देखा। उन्होंने बिच्छू को पानी से बाहर निकालने के लिए हाथ बढ़ाया। बिच्छू ने उनके हाथ पर डंक मार दिया। नतीजा यह हुआ कि दर्द से पीड़ित बुजुर्ग ने बिच्छू को पानी में वापस छोड़ दिया। उन्होंने दोबारा बिच्छू को बचाने की कोशिश की। उसने फिर से डंक मार दिया। बुजुर्ग ने बिच्छू को दूसरी बार पानी में छोड़ दिया। यह सब नजदीक खड़े एक युवक ने देखा और बुजुर्ग से कहा कि इस जहरीले जीव को बचाने के चक्कर में आप खुद दर्द सहन कर रहे हैं। ऐसा आप क्यों कर रहे हैं? बुजुर्ग ने जवाब दिया कि बिच्छू की फितरत डंक मारने की है। वे मनुष्य को खतरा समझते हैं। उन्हें लगता है कि मनुष्य उन्हें कोई-न-कोई नुकसान पहुँचाएगा, लेकिन मैं बिच्छू की मदद करना चाहता हूँ। मैं अपना स्वभाव नहीं बदलूँगा। बुजुर्ग ने काफी कोशिश करने के बाद एक पत्ते के जरिए बिच्छू को पानी से बाहर निकालने में सफलता हासिल की। सन् 2012 में जयपुर में बंदरों के एक झुंड को एक वाहन की टक्कर से मृत बंदर के शव की रक्षा करते देखा गया। बंदरों ने सड़क को घेर लिया। वाहनों तक को रोक दिया था। ऐसा मनुष्य के साथ क्यों नहीं है, वे जरूरत के वक्त अपने साथी की जान बचाने के लिए आगे क्यों नहीं आते, जबकि जानवर उसी वक्त अपने साथियों को बचाने के लिए जुट जाते हैं।

सीसीटीवी कैमरे की तसवीरों से पता चला कि 28 वर्षीय कन्हैया लाल रेगर अपने चार वर्षीय घायल बेटे को हाथ में पकड़े सात मिनट तक सदमे की हालत में मदद की

भीख माँगता रहा। रोता रहा। कई गाड़ियों में सवार लोगों ने मृत माँ-बेटी और घायलों को देखने के लिए अपने वाहन की रफ्तार धीमी की, लेकिन कोई मदद के लिए आगे नहीं आया।

इलेक्ट्रॉनिक मीडिया पर सभी चैनल मानवीयता की भावना में लगातार गिरावट के स्तर पर चर्चा करते रहे। उनमें से कुछ चैनल हमारे द्वारा निर्मित उन स्थितियों पर रोशनी डालने में असफल रहे, जब कुछ अच्छे लोग दूसरों की मदद के लिए आगे आते हैं। ऐसा नहीं है कि लोगों के पास अपने साथियों या जरूरतमंद लोगों की मदद करने का समय नहीं है। उनके पास समय है। वे मुश्किल परिस्थितियों में मदद करते भी हैं। ऐसे लोगों के पास मीडिया या दूसरी एजेंसी को अपने अच्छे काम के लिए सफाई देने का समय नहीं है, लेकिन इस कारण मनुष्य को दूसरों की मदद करना बंद नहीं करना चाहिए। जैसे उस बुजुर्ग ने पत्ते की मदद से बिच्छू की जान बचाई, उसी तरीके से मनुष्य को अपने साथी की जान बचाने के लिए कोई-न-कोई तरीका ढूँढ़ना चाहिए।

फंडा यह है कि अपना स्वभाव मत बदलिए! कोई आपको दर्द देता है या नुकसान पहुँचाता है तो एहतियात बरतें। किसी की मदद करने से अगर आपको सांत्वना मिलती है तो ऐसा जरूर कीजिए। आपकी कुछ समस्याएँ होंगी, लेकिन याद रखिए कि अगर आप अपने दिल की सुनते हैं तो आपको खुशी का अनुभव ही होगा। खुशियों को खोजने की जगह उनका निर्माण कीजिए।

□

आपकी योग्यता की जरूरत कहाँ है, यह समझिए

जे. जॉनसन अब 57 वर्ष के हो चुके हैं। वे हर दिन सुबह 10.30 बजे चेन्नई के नंगमपक्कम इलाके में कॉलेज रोड पर स्थित चर्च के पास आकर बैठ जाते हैं। उनके हाथों में एल्यूमिनियम का एक डिब्बा होता है, जो पुराने जमाने के नाइयों के पास होता था या फिर छोटे स्कूली बच्चों के पास। अपने हाथों में यह डिब्बा लिये धीमे कदमों से चलते हुए वे नियत समय पर 'डायरेक्टर ऑफ गवर्नमेंट एक्जामिनेशन' के पास कंपाउंड में पहुँच जाते हैं। लोग कतार में खड़े होकर उनका इंतजार करते हैं और एल्यूमिनियम की मिनी ब्रीफकेस लिये जॉनसन को देखते ही उनके चेहरों पर मुसकान दौड़ जाती है। चर्च में प्रार्थना करने के बाद वे सड़क किनारे बैठ जाते हैं। इसके बाद राइटिंग पैड, कागज और अलग-अलग रंगों के कलमवाला पेन स्टैंड निकालते हैं तथा फिर एक-एक कर लोगों से सामने आने को कहते हैं। हरेक आदमी उनके साथ करीब दस मिनट का समय बिताता है और उन्हें अपने मामले से संबंधित कागजात दिखाता है। जॉनसन उनसे कुछ सवाल पूछते हैं और उनका जवाब माँगते हैं। इसके बाद अगले पाँच मिनट में वे उनके लिए एक चिट्ठी तैयार करते हैं। बदले में हर आदमी अपनी क्षमता के हिसाब से उन्हें 20 से 30 रुपए तक देता है और हँसते हुए वहाँ से निकल जाता है। वे लंच के लिए आधे घंटे का ब्रेक लेते हैं। इसके अलावा वे सूर्यास्त होने या कभी-कभी उसके बाद तक उसी जगह पर बैठे रहते हैं और रोजाना कम-से-कम 1500 रुपए कमा लेते हैं।

एक छात्र दुर्घटना का शिकार होने के चलते परीक्षा में शामिल नहीं हो पाया और दोबारा परीक्षा देने की अनुमति के लिए पत्र कैसे लिखे, यह जानना चाहता है। एक

महिला की पेंशन सालों से रुकी हुई है और वह इसमें उनकी मदद चाहती है। एक अन्य वरिष्ठ नागरिक की पेंशन के साथ भी कुछ समस्या है और वे इसके लिए चिट्ठी लिखने का तरीका समझना चाहते हैं। जॉनसन द्वारा तैयार किया हुआ हर पत्र एक पन्ने में होता है और उनकी अंग्रेजी भी त्रुटिहीन होती है। जॉनसन के लिखे पत्र जिन अधिकारियों के पास पहुँचते हैं, उन्हें भी पता है कि काम करना होगा, क्योंकि जॉनसन ने आज तक कोई झूठी चिट्ठी नहीं लिखी। इसलिए वे आवेदन को गंभीरता से लेते हैं और बिना देरी किए फाइल को निपटाते हैं। इससे जॉनसन की लोकप्रियता बढ़ी है।

शिक्षित लोग, जो लिखना जानते हैं, वे भी चाहते हैं कि उनके आवेदन जॉनसन ही लिखें। कई बार लोग अपनी समस्याएँ लेकर अधिकारियों के पास जाते हैं तो सही आवेदन के लिए वे उन्हें जॉनसन के पास जाने की सलाह देते हैं। वे पत्र भेजने का सही जरिया क्या हो, इसके बारे में भी लोगों को बताते हैं। जॉनसन खुद को पत्रकार बताते हैं, जो लोगों की समस्याएँ समझकर उन्हें सही अधिकारियों के सामने उठाने का शौक रखता है। उनके लिखे आवेदनों से समस्याग्रस्त लोगों की मुश्किलें अकसर कम हो जाती हैं। वर्ष 1986 में जॉनसन यह सोचकर चेन्नई आए कि ऊँची साक्षरतावाले इस शहर में उनके जैसे लोगों की जरूरत है, जिनके पास अंग्रेजी का अच्छा ज्ञान है, लेकिन जल्दी ही उन्हें पता चल गया कि उनकी जरूरत वैसे लोगों को ज्यादा है, जो खुद अंग्रेजी में चिट्ठियाँ नहीं लिख सकते और जिनके काम सरकारी विभागों में अटके पड़े हैं। तब से वे सरकारी कार्यालयों के नजदीक बैठकर अपनी भाषा प्रवीणता के जरिए लोगों की मदद करने लगे। ऐसा करते हुए अब उन्हें 27 साल हो चुके हैं। उन्होंने कभी एक दिन की भी छुट्टी नहीं ली। इसलिए नहीं, क्योंकि वे ज्यादा पैसे कमाना चाहते हैं, बल्कि इसलिए कि गरीब लोग अपने काम के लिए उनकी प्रतीक्षा करते हैं।

फंडा यह है कि योग्यता प्राप्त लोगों के लिए यह जानना बेहद जरूरी है कि उनकी दक्षता की कहाँ जरूरत है? यदि अपनी योग्यता की पहचान कर सबसे पहले कदम बढ़ाएँ तो आपकी लोकप्रियता भी ज्यादा होगी। दुर्भाग्य की बात यह है कि देश के सबसे अच्छे शिक्षक उन इलाकों में जाने से इनकार करते हैं, जहाँ उनकी जरूरत सबसे ज्यादा है। उनकी जरूरत वहाँ है, जहाँ लोग अशिक्षित हैं, लेकिन सीखना चाहते हैं।

□

बहुत तेजी से फैलता है अच्छाई का वायरस

वह उस दिन काम से देर से घर लौटी थी। अमरीका के ह्यूस्टन में स्थित उसके घर पर पिता अकेले थे। वे लंबे समय बाद भारत से बेटी के पास आए थे। बेटी के देर से आने से परेशान पिता ने उसके आते ही सवाल दागने शुरू कर दिए। देर से क्यों आई? उसने बताया कि वह ऑफिस से मोची की दुकान पर चली गई थी। अपने जूते ठीक कराने, इसलिए देरी हो गई। पिता को पता था कि अमरीकी सड़कों पर मोची मिलना बेहद मुश्किल है। वे यह भी जानते थे कि अमरीकी अपने टूटे-फूटे सामान को सुधरवाने की बजाय कचरे में फेंकना ज्यादा पसंद करते हैं, क्योंकि उन्हें चीजें सुधरवाने की बजाय नई खरीदना सस्ता पड़ता है। उन्होंने बेटी से पूछा कि उसने जूते सुधरवाने में कितने पैसे खर्च किए? और मोची की दुकान आखिर है कहाँ? बेटी ने बताया कि घर से करीब 30 किलोमीटर की दूरी पर मोची की दुकान है। मोची ने उससे जूते सुधारने के 12 डॉलर (करीब 750 रुपए) लिये, जबकि नए जूते 10 डॉलर (करीब 625 रुपए) में आ जाते हैं।

बेटी ने आगे कहा, ''एक नई जोड़ी जूते खरीदने का मतलब है एक और जानवर की बलि! और यह भी कि मोची के हाथ से एक काम छीन लेना। इसीलिए उसने मोची को 12 डॉलर कमाने का एक मौका दिया।'' पिता अनुभवी बिजनेसमैन हैं। उन्होंने बेटी से कहा, ''अगर तुम वाकई किसी की मदद करना चाहती थी तो उसे दान के तौर पर कुछ पैसे दे देतीं।'' लेकिन बेटी ने बहुत शांति से जवाब दिया, ''मैं और मेरे पति जितना कमाते हैं, उससे हमारी जिंदगी आराम से चल पाती है।'' यह सुनने के बाद पिता के पास कोई जवाब नहीं था। ह्यूस्टन में उनकी बेटी के घर पर किसी तरह का दिखावटी सामान नहीं था। अमरीका की सबसे सस्ती कारों में से

एक उनके घर पर थी।

किचन में उतने ही बरतन, जितने दो लोगों के खाने-बनाने के लिए जरूरी थे। अगर कोई मेहमान आ जाता तो उन्हीं बरतनों को धोकर फिर इस्तेमाल करना पड़ता था। बेटी के पेशे में पैसे की कमी नहीं थी, लेकिन उसके अकाउंट में बैलेंस सिर्फ 25 डॉलर (करीब 1562 रुपए)। पिता को पता नहीं था कि उनकी बेटी हर साल अपने गाँव के दो स्कूली बच्चों को अपने खर्च पर अमरीका लाती थी। उनका पासपोर्ट बनवाने से लेकर, वीजा, एयर टिकिट, उनको अपने घर पर रुकवाना, उन्हें अपने ऑफिस ले जाना, दुनिया भर की चीजों के बारे में उन्हें जागरूक करना और उन्हें भारत वापस भेजने तक उन बच्चों का पूरा खर्च वह उठाती थी। हरेक टूर 15 दिन का होता था। इन छात्रों का चयन भारत में उसके प्रोफेसर और शिक्षक बड़ी सावधानी से करते थे। सिर्फ उन्हीं छात्रों का चयन किया जाता था, जो विज्ञान में सर्वश्रेष्ठ होते थे। पिता को अपनी बेटी के इस काम का पता तब चला, जब दुर्भाग्यवश 41 साल की उम्र में उनकी बेटी की एक दुर्घटना में मौत हो गई।

यह कहानी है, अमरीकी अंतरिक्ष एजेंसी 'नासा' की वैज्ञानिक कल्पना चावला की। उनकी एक फरवरी 2003 को उस वक्त मौत हो गई थी, जब उनका अंतरिक्ष यान—'कोलंबिया' धरती पर लौटते हुए दुर्घटनाग्रस्त हो गया था, लेकिन उनकी मृत्यु के बाद भी उनके साथी उनके द्वारा शुरू किए गए परोपकार के कामों को जारी रखे हुए हैं। हरियाणा में करनाल के 'टैगोर स्कूल' से कल्पना ने पढ़ाई की थी। उस स्कूल से आज भी दो बच्चों को 'स्टडी टूर' पर अमरीका ले जाया जाता है, ताकि वे विज्ञान और अंतरिक्ष विज्ञान से जुड़ी चीजों के बारे में जागरूक हो सकें। कल्पना के द्वारा शुरू किए और भी परोपकार के काम उनके दोस्त जारी रखे हुए हैं। इस साल की शुरुआत में ही अमरीका की 'ऑडूबॉन सोसाइटी' को कल्पना की वसीयत के हिसाब से तीन लाख डॉलर (करीब 1,87,53,000 रु.) दिए गए हैं।

फंडा यह है कि अगर अच्छाई कोई वायरस है तो यह बुराई की तुलना में तेजी से फैलता है। ईमानदारी से शुरू किए गए अच्छे काम आपके इस दुनिया से जाने के बाद भी जारी रहते हैं।

□

अपने अच्छे काम को आदत बनाकर तो देखें

सूरज प्रकाश वेद हमेशा रात 10:30 बजे घर जाते हैं। उनकी उम्र 60 साल से अधिक है और वे टैक्सी ड्राइव करते हैं। दिल्ली की सड़कों पर ज्यादा ट्रैफिक होने के कारण वे रात में टैक्सी चलाना पसंद करते हैं, लेकिन उनकी पाँच साल की नातिन रात को सोने से पहले रोज ही उनसे कहानी सुनना चाहती है।

इसलिए वे उस दिन टैक्सी की खिड़कियाँ खोलकर आराम से पूर्वी दिल्ली स्थित घर के लिए निकल पड़े। अचानक गाड़ी की हेडलाइट की रोशनी खून से लथपथ पड़ी महिला पर पड़ी। वे चौंक पड़े। सूरज उस महिला की मदद करने के लिए गाड़ी से उतरे। पहले उन्हें लगा कि महिला मर चुकी है, लेकिन जब उसके नजदीक पहुँचे तो पाया कि उसकी साँसें चल रही थीं। उनके दिमाग में तुरंत एंबुलेंस बुलाने की बात आई, लेकिन उन्होंने सोचा कि जब तक एंबुलेंस आएगी, तब तक काफी देर हो जाएगी।

सूरज ने महिला को उठाकर टैक्सी की पिछली सीट पर लिटा दिया। बगल में ही महिला का बैग पड़ा था। उसे जल्दी से गाड़ी में रखा और नजदीकी अस्पताल की ओर चल पड़े। अस्पताल पहुँचते ही उन्होंने मदद की गुहार लगाई। अस्पतालकर्मी पहुँचे और गंभीर रूप से जख्मी उस महिला को भरती कर लिया। अस्पताल ने सूरज से महिला का अता-पता पूछा। उसके पर्स से मिले कागजात से पता चला कि वह 30 वर्षीय महिला टीचर है। उन्हें पर्स में ही महिला के पति का फोन नंबर भी मिला। उन्होंने तुरंत फोन कर उन्हें अस्पताल बुलाया। इस बीच डॉक्टर उस महिला का इलाज शुरू कर चुके थे। नर्सों ने बताया कि यदि वे महिला को समय पर अस्पताल नहीं लाते तो ज्यादा खून बह जाने के कारण वह मर जाती।

सूरज रात भर अस्पताल में उस महिला के पति के साथ रहे। सुबह वे घर पहुँचे और अपनी नातिन रुक्मिणी को पूरा वाकया बताकर उससे माफी माँगी। पूरी बात सुन नातिन ने उन्हें गले लगा लिया और कहा, "आप बहुत अच्छे इनसान हैं नाना।" इसके बाद वह महिला पूरी तरह ठीक हो गई।

सूरज के लिए यह कोई पहला मामला नहीं था। औसतन हर सप्ताह वे अलग-अलग प्रकार से दो लोगों की मदद करते थे। उन्होंने अनुमान लगाया कि अब तक वे तकरीबन 60 लोगों की जिंदगी बचा चुके हैं। पहली बार सूरज ने 1982 में दो लोगों की जिंदगी बचाई थी। उस वक्त उनकी उम्र 30 वर्ष थी और वे पूर्वी दिल्ली के विकास मार्ग में हुई एक दुर्घटना के गवाह थे। तेज गति से आ रही एक कार ने दो पैदल चलनेवालों को उस वक्त टक्कर मार दी, जब वे सड़क पार कर रहे थे। दुर्घटना के बाद सड़क पर काफी खून बह रहा था। बड़ी भीड़ लग गई थी, लेकिन कोई भी उन पीड़ितों की मदद के लिए आगे नहीं आ रहा था। सूरज ने दुर्घटना में घायल पीड़ितों को हॉस्पिटल पहुँचाया। दोनों बच गए।

हमेशा जैसे होता है, पुलिस ने सूरज को परेशान किया, क्योंकि दुर्घटना के वक्त वह वहाँ मौजूद था और घायलों को अस्पताल लेकर पहुँचा था। सूरज का पीड़ितों को अस्पताल पहुँचाना और पुलिस से निपटना, दोनों अनुभव अलग तरह के थे, लेकिन जब उन्होंने लगातार अपनी ऐसी मदद जारी रखी, तो उन्हें सराहना मिली।

दिल्ली पुलिस ने सड़क सुरक्षा के लिए अभियान चलाया, जिसमें सूरज के मसौदे को शामिल किया गया। यह अभियान ट्रैफिक नियमों के पालन और सुरक्षित यातायात को बढ़ावा देने के लिए था। अब सूरज स्कूल के बच्चों और अन्य लोगों को सड़क पर सुरक्षित चलने के लिए प्रेरित करनेवाले कार्यक्रमों में स्पीच देते हैं। इसके बदले में उन्हें दर्जनों प्रशस्ति-पत्र और कैश अवॉर्ड मिल चुके हैं। इसके अलावा उन्हें जो सबसे कीमती चीज मिलती है, वह है उन पीड़ितों की दुआएँ, जिन्हें वे बचाते आए हैं। अब दूसरों के जीवन की रक्षा करना उनकी आदत में शुमार हो चुका है।

फंडा यह है कि अच्छी आदतों में एक अलग ताकत होती है। वे हमारी रगों, शरीर, दिमाग, संस्कृति में बुरी आदतों की अपेक्षा लगातार बढ़ती जाती है। बस जरूरत है एक शुरुआत की।

□

जिंदगी में किसी-न-किसी मौके पर हमें समझ आ ही जाता है कि कौन सी चीज मायने रखती है

अमरीका में 30 साल की एडवरटाइजिंग एक्जीक्यूटिव तान्या पिंटो हैं। उनकी बिलिंग लगभग एक अरब डॉलर (करीब 6,570 करोड़ रुपए) की है। इसके बावजूद अब वे नौकरी को ज्यादा अहमियत न देकर भारत के बेसहारा बच्चों के लिए धन जुटाने के अभियान में जुटी हैं, ताकि उनकी शिक्षा और भोजन आदि का प्रबंध किया जा सके। वे हमेशा से शायद कुछ इसी तरह का काम करना चाहती थीं। आजकल वे जिस तरह से रहती हैं, उसे देखकर उनकी पिछली जीवनशैली के बारे में कोई अंदाजा तक नहीं लगा सकता। सादा सा टॉप और धुँधले से रंग का जींस। छरहरा शरीर और चेहरे पर कोई मेकअप नहीं, लेकिन छह साल पहले ऐसा नहीं था। अमरीका की कंपनी 'द रिचर्ड ग्रुप' की ब्रांड मैनेजर तान्या वैसी जिंदगी जी रही थीं, जो किसी भी युवा का सपना हो सकता है। एडवरटाइजिंग दुनिया की वे उभरती सितारा थीं। पूरी दुनिया घूमती थीं। बड़ा फ्रेंड सर्किल और घर लौटने पर डलास में मौजूद उनका मददगार परिवार, लेकिन वे उस भाग-दौड़ भरी जिंदगी में भी अपने दिल की आवाज को दबा नहीं पाईं।

भारत आने से पहले तान्या ने नौकरी से तीन महीने का ब्रेक लिया। कोलकाता में मदर टेरेसा की संस्था 'शिशु भवन' (अनाथालाय) और 'निर्मल हृदय होम' से जुड़ीं। वैसे, तान्या का जन्म भारत में ही हुआ था, लेकिन तेरह साल की उम्र में परिवार के साथ ऑस्ट्रेलिया के पर्थ चली गईं। इसके बाद मॉस कम्युनिकेशन में

ऑनर्स डिग्री करने के बाद अमरीका के डलास चली गईं। सहज अंदाजा लगाया जा सकता है कि उनका पालन-पोषण किस तरह का था। यह भी समझा जा सकता है कि कोलकाता की झुग्गियों में काम करने के लिए उनकी तैयारी कितनी और कैसी रही होगी! इसके बावजूद वे वहाँ रहीं। उन्होंने बच्चों को गरीबी के उन हालातों में देखा, जिनकी कल्पना भी नहीं की जा सकती। बेघर और असहाय! महसूस किया कि इन हालातों में भी बच्चों की गरिमा को, प्रतिष्ठा को कुचला नहीं जा सकता। उन छोटे-छोटे बच्चों की उदारता देख वे अवाक् रह गईं। बच्चे अपना सबकुछ एक-दूसरे से या उनसे मिलनेवाले से बाँटते थे। कुछ नहीं तो मुसकराहट ही सही। यह सब देख वे उन बच्चों को ठुकरा नहीं सकीं। उन्हें अपना लिया।

बीमार बच्चों को उन्होंने अपने हाथ से खाना खिलाया। साल-सवा साल के छोटे-छोटे बच्चों के साथ खेलीं। किसी को पढ़ाया। किसी को नहलाया-धुलाया। किसी को गोद में उठाया। यह सब करते हुए तान्या को अपने भीतर जबरदस्त फर्क महसूस हुआ। इन बच्चों के लिए धन जुटाने का आइडिया तान्या के दिमाग में एक ट्रिप के दौरान आया। उन्हें उनके एक दोस्त ने गरीब बच्चों को चॉकलेट बाँटने के लिए 50 डॉलर ((करीब 3,285 रुपए)) दिए थे। उन्हें लगा कि वे इन पैसों का इस्तेमाल इसकी बजाय कुछ और चीजें जुटाने के लिए कर सकती हैं। उन्होंने स्थानीय मार्केट से बच्चों के लिए 300 जोड़े अंडरवियर, 100 नोटबुक, खिलौने, पेन और रंग-बिरंगी पेंसिलें खरीद लीं। अपने दोस्त को इ-मेल किया। बताया कि उसके दिए पैसों से उन्होंने क्या-कुछ खरीदा है और किस तरह इस सामान से 300 बच्चों की मदद की है। दोस्त ने जवाब दिया कि अगर उसे पता होता कि इन जरा से पैसों से इतने सारे बच्चों की मदद की जा सकती है तो वह इससे कहीं ज्यादा पैसे दे देता।

दोस्त के जवाब और इस अनुभव ने उन्हें अहसास कराया कि बच्चों के लिए जरा-जरा से पैसे भी कितने काम के हो सकते हैं! इसके बाद तान्या ने डलास लौटते ही चैरिटी शुरू कर दी। इस यकीन पर कि एक-एक डॉलर भी जरूरतमंद बच्चों की जिंदगी में बड़ा फर्क ला सकता है। डॉलर के बदले मिलनेवाले ज्यादा से रुपयों के जरिए बच्चों के लिए आराम से खाना, खिलौना और पुस्तकों का इंतजाम हो सकता था। अब तान्या सुबह आठ बजे से शाम सात बजे तक ऑफिस का काम करती हैं। लंच टाइम, कुछ देर रात को, सप्ताह के आखिरी दिन और छुट्टियों में वे अनाथ बच्चों के लिए धन जुटाने के अभियान में लगी रहती हैं। उनकी निजी

जिंदगी का अस्तित्व लगभग खत्म सा हो गया है। पहले वे अलग रहती थीं, लेकिन अब माता-पिता के साथ। इसलिए कि उनके खर्चे कम हो सकें। अपने निजी खर्च कम करने के और भी जो तरीके हो सकते हैं, वे अपना रही हैं। भारत में रहते हुए वे संक्रमण की शिकार हो गई थीं। नतीजा यह हुआ कि वे कुषोषण की वजह से अब तक चार बार अस्पताल में भरती हो चुकी हैं। इसके बावजूद मदर टेरेसा को अपनी प्रेरणा माननेवाली तान्या का अभियान थमा नहीं है।

फंडा यह है कि जीवन में एक न एक मौका ऐसा जरूर आता है, जहाँ हमें लगता है कि आखिर कौन सी चीजों की अहमियत ज्यादा है और यह अहसास होते ही हम अपनी निजी जिंदगी और जीवनशैली सब भूल जाते हैं।

□

बिजनेस में तरक्की और सम्मान समाज से ही है

बेंगलुरु के आईटी प्रोफेशनल पुरुषोत्तम राव के मकान की चाबी खो गई। वे डुप्लीकेट चाबी बनवाने के लिए एक दुकान पर पहुँचे। वहाँ चाबी बनानेवाले ने उनके साथ जाने से मना कर दिया। उसने कहा कि उसे पहले उनकी पहचान आदि के बारे में सभी कागज देखने हैं। उसने राव का पहचान-पत्र और एड्रेस प्रूफ माँगा। मोटरसाइकिल का रजिस्ट्रेशन नंबर और इंश्योरेंस पेपर भी। सभी चीजें रजिस्टर में नोट कीं। कागज अपने पास रखे। इसके बाद उनके साथ रवाना हुआ, लेकिन यह क्या? राव के घर पर पहुँचकर भी उसने काम शुरू नहीं किया,बल्कि पड़ोसी के पास जाकर उनसे राव के बारे में पूछताछ करने लगा। राव के लिए बड़ी असहज स्थिति थी, लेकिन क्या करते! उनके लिए चाबी बनवाना पहली प्राथमिकता थी। बाद में उस व्यक्ति ने बताया कि शहर में डुप्लीकेट चाबी बनानेवालों ने मिलकर अपने लिए गाइडलाइंस तय की हैं। इसके मुताबिक जब तक वे नकली चाबी की माँग करनेवाले की पहचान आदि के बारे में पूरी तरह आश्वस्त नहीं हो जाते, उसका काम नहीं करेंगे। उसने बताया कि शहर में डुप्लीकेट चाबियों के जरिए वाहनों की चोरी और मकानों में लूट की वारदातें बढ़ रही हैं। ऐसे में पुलिस और फिर कानूनी पचड़े से बचने के लिए यह फैसला किया गया है।

यह फैसला गलत नहीं कहा जा सकता, क्योंकि शहर में जब भी कहीं चोरी की वारदात होती है, पुलिस चाबी बनानेवालों से पूछताछ जरूर करती है। इसीलिए बेंगलुरु के चाबी बनानेवालों ने मिलकर यह कदम उठाया। यहाँ जो चाबी बनानेवाले मोबाइल रखते हैं, उन्होंने तो अपने फोन से इस तरह की माँग करनेवालों की फोटो लेना भी

शुरू कर दिया है। चाबी बनानेवालों में कई ऐसे हैं, जो कंप्यूटराइज्ड तकनीक से काम करते हैं। बेंगलुरु के चाबी बनानेवालों के इस कदम से पुणे के लोग भी प्रभावित हैं। दो पहिया वाहनों की संख्या के मामले में पुणे देश के सबसे बड़े शहरों में शुमार हो चुका है। जाहिर तौर पर ऐसे में वहाँ वाहन चोरी और चाबियाँ खोने की घटनाएँ भी बढ़ रही हैं। लिहाजा पुणे के चाबी बनानेवालों के लिए भी अपने बिजनेस में सावधानी बरतना जरूरी हो गया है। इसे देखते हुए चाबी बनानेवालों की पुणे की एसोसिएशन के सदस्यों ने बेंगलुरु का दौरा किया। नई गाइडलाइंस के बारे में समझा, जो चाबी बनानेवालों ने तय और लागू कर रखी हैं। बिजनेस पर इसके प्रभावों के बारे में भी जायजा लिया। देखा कि मकानों और मोटरसाइकिलों की डुप्लीकेट चाबी माँगनेवालों की तस्दीक कैसे की जाती है। यहाँ तक कि कार की नकली चाबी बनवाने आए लोगों की भी पूरी जाँच-पड़ताल होती है। उनसे कार के डिटेल्स के साथ भीतर लगी एक्सेसरीज तक के बारे में पूछा जाता है।

बेंगलुरु के चाबी बनानेवालों के इस फैसले से पुलिस को भी मदद मिल रही है। हालाँकि उनकी मानें तो बदमाश नए-नए तरीकों से वाहन चोरी और मकानों में लूट की वारदातों को अंजाम दे रहे हैं, लेकिन उन्हें चोरी का वाहन बेचने से पहले डुप्लीकेट चाबी बनवानी ही पड़ती है। इसके लिए वे चाबी बनानेवालों के पास पहुँचते हैं और अस्सी फीसदी मामलों में आगे चलकर पकड़ लिये जाते हैं। यही नहीं, इस पहल के बाद बेंगलुरु में चाबी बनानेवालों की मान-प्रतिष्ठा भी बढ़ रही है। लोगों का उनपर भरोसा बढ़ा है। उन्हें वे अपने मकान और वाहन की सुरक्षा के मामले में मददगार भी मानने लगे हैं। आईटी प्रोफेशनल्स तो खास तौर पर; क्योंकि वे अपनी चीजों के खो जाने, चोरी हो जाने से खासे परेशान रहते थे।

फंडा यह है कि आप कोई भी बिजनेस करें, अगर आप उसमें तरक्की और सम्मान की अपेक्षा रखते हैं, तो समाज का खयाल रखिए। आखिर यह समाज ही तो है, जो आपके उत्पाद और सेवाओं का इस्तेमाल करता है।

□

कभी भी खुद को या अपने जीवन को धोखा न दें

कमलादेवी 40 साल की हैं। उनके पति की उम्र 55 साल और बेटी विजयलक्ष्मी की उम्र 26 साल है। इसका मतलब हुआ कि कमलादेवी की शादी 13 साल में हो गई थी। उन्होंने 14 वर्ष की उम्र में बेटी को जन्म दिया।

भारत के अनेक ग्रामीण इलाकों में 13 साल की लड़की का विवाह होना कोई नई बात नहीं है। कमलादेवी राजस्थान के पाघी में अपने परिवार के साथ रहती हैं। वहाँ भी यही स्थिति है। भारत में 47 प्रतिशत लड़कियों की शादी विवाह की क़ानूनी उम्र 18 साल से पहले हो जाती है।

आज विजयलक्ष्मी के दरवाजे पर 10 से 14 साल की लड़कियों को भीख और मदद माँगते देखा जा सकता है। वे लड़कियों को बालिका वधू बनने से रोकने की कोशिश में लगी हैं। वे अपने गाँव और अन्य स्थानों की सभी लड़कियों की मदद करना चाहती हैं।

अब सवाल उठता है कि विजयलक्ष्मी कौन हैं? विजयलक्ष्मी वही लड़की है जिसने तेरह साल की उम्र में अपने परिवारवालों की मरजी से शादी करने से इनकार कर दिया था, ताकि वह अपनी पढ़ाई जारी रख सके और टीचर बन सके। पिछले तेरह सालों के दौरान उसने अनेक लड़कियों के बाल विवाह रुकवाए है। उनके लिए काफी कठिन काम था कि वे माता-पिता को अपने बताए रास्ते पर चलने के लिए प्रेरित कर सकें।

पहली बार उन्हें अपनी इस कोशिश के लिए सजा मिली थी। उन्हें दो दिनों तक एक कमरे में भूखा-प्यासा बंद रखा गया था। माता-पिता को उम्मीद थी कि

बाहर आने पर वे उनकी बात मान लेगीं, लेकिन इससे विजयलक्ष्मी का निश्चय और अधिक दृढ़ हुआ। महीनों बीत गए, उनके परिवार का संघर्ष जारी रहा। समाज उनकी हँसी उड़ाता था। विजयलक्ष्मी अपने निश्चय पर कायम रहीं। दूसरी तरफ गाँव की अन्य लड़कियों का विवाह होता रहा और वे माँ बनती रहीं।

विजयलक्ष्मी अपने संकल्प को लेकर प्रतिदिन स्वयं से मन-ही-मन जूझती थीं। उन्होंने अपने विश्वास को कायम रखा और कोई समझौता नहीं किया। घर में बिन ब्याही बेटी होने के कारण लोग उनके पिता की खिल्ली उड़ाते थे। उनके बारे में दीवारों पर गलत बातें लिखी जाती थीं। विजयलक्ष्मी अपने अभिभावकों से कहतीं कि उनके विचारों को समझा जाए। उन्होंने वादा किया कि वे शादी की सही उम्र में विवाह कर लेगी।

एक दिन महिला पड़ोसी ने विजयलक्ष्मी के दरवाजे पर दस्तक दी। उसकी बेटी की प्रसव के दौरान मौत हो गई थी। वह केवल 14 साल की थी। उसने विजयलक्ष्मी की माँ से कहा कि अपनी बेटी को विवाह के लिए मजबूर मत करो, मैंने अपनी बेटी को खो दिया है। मैं चाहती हूँ कि मेरी बेटी वापस मिल जाए।

एक अन्य महिला ने उन लोगों को बताया कि उसकी बेटी 14 साल की उम्र में विधवा हो गई। स्थानीय परंपरा के अनुसार उसका दोबारा विवाह नहीं हो सकता। उसकी जिंदगी शुरू होने के पहले ही खत्म हो गई। धीरे-धीरे कमला देवी का हृदय परिवर्तन होने लगा।

जल्द ही गाँव में बाल विवाह के खिलाफ माहौल बनने लगा। विजयलक्ष्मी के स्कूल की लड़कियों और गाँव के अन्य लोगों ने परंपरा के खिलाफ उसके संघर्ष के बारे में जाना। अचानक ही परिवर्तन होने लगा। विजयलक्ष्मी के पास लड़कियाँ आतीं और कहतीं कि वे उनके माता-पिता से बाल विवाह न करने के बारे में बात करें। यह सिलसिला चलता रहा। विजयलक्ष्मी को जब भी किसी बाल विवाह की जानकारी मिलती, वे वहाँ पहुँच जातीं। उनका सामना कई अड़ियल अभिभावकों से भी हुआ, लेकिन अंत में उन्हें उसकी बात मानना पड़ती। कुछ समय बाद साहसी लड़कियों का एक समूह विजयलक्ष्मी के साथ जुड़ गया। इन लोगों ने अपने समुदाय में परिवर्तन लाने के लिए एक समूह का गठन किया।

अब विजयलक्ष्मी की योजना पूरे देश में घूमकर लोगों को बाल विवाह के संबंध में जागरूक करने की है। वे शादी करने के लिए तैयार हैं और अपने लिए

योग्य वर तलाश रही हैं। उन्हें इस बात की खुशी है कि वे परंपरा के आधार पर नहीं, बल्कि अपने लिए उचित समय पर शादी करने जा रही हैं।

फंडा यह है कि जीवन ईश्वर का अनुपम उपहार है। इस अमूल्य जीवन को छोटी-मोटी सांसारिक चीजों के लिए दाँव पर नहीं लगाया जा सकता।

□

विरासत में इनसानियत छोड़कर जा सकते हैं

जगदीश पटेल गुजरात की आईसीएफएआई यूनिवर्सिटी में न्यू इनीशिएटिव डिपार्टमेंट के प्रोजेक्ट हेड हैं। दिसंबर 2011 में एक दिन उनके मित्र ने अलीगढ़, उत्तर प्रदेश के एक मौलाना से उनकी बात कराई। मौलाना की 24 साल की बेटी ताहिरा की दोनों किडनी फेल हो गईं थीं। उसे तुरंत मेडिकल हेल्प की जरूरत थी। मौलाना ने बताया कि चंडीगढ़ के किडनी हॉस्पिटल और दिल्ली के एम्स में उन्होंने इलाज कराने की कोशिश की थी, लेकिन असफलता हाथ लगी। अब वे अहमदाबाद के किडनी सिविल हॉस्पिटल से बेटी का इलाज कराने के लिए कोशिश कर रहे हैं। इसमें उन्हें पटेल की मदद चाहिए थी। ताहिरा अलीगढ़ मुसलिम यूनिवर्सिटी से इतिहास में पी-एच.डी. कर रही थीं, जबकि उसके पिता उत्तर प्रदेश में ही अपने घर पर धार्मिक शिक्षा देते थे। उनके करीब 40,000 मुरीद (शिष्य) थे।

बहरहाल, किसी तरह पटेल ने स्थानीय सांसद कीर्ति सोलंकी की मदद से ताहिरा का रजिस्ट्रेशन किडनी हॉस्पिटल में करा दिया। सभी जाँचें हो गईं और जरूरी फीस भी जमा करवा दी गई। वेटिंग लिस्ट में उसका नाम दर्ज हो गया, लेकिन अस्पताल ने ताहिरा और उसके परिवार के सामने एक शर्त रखी थी। वह यह कि जैसे ही किडनी उपलब्ध होती है, उनकी ओर से मरीज को कॉल की जाएगी। इसके तीन घंटे के भीतर ही उसे अस्पताल आना होगा। इस शर्त को ताहिरा और उसका परिवार तभी पूरा कर सकता था, जब वह अहमदाबाद में रहे। लिहाजा, मौलाना के परिवार ने ताहिरा को उसके भाई के साथ अहमदाबाद में छोड़ दिया। परिवार के बाकी सदस्य अलीगढ़ लौट गए, ताकि वे दोनों बच्चों के लिए वहाँ से माली मदद का इंतजाम कर सकें। साल 2012 आधा निकल गया, लेकिन अब तक

कोई किडनी दान करनेवाला नहीं मिला था। उसे हर तीसरे रोज डायलिसिस के लिए अस्पताल भी जाना पड़ रहा था। एक बार में 1,300 रुपए खर्च होते थे। इससे परिवार पर आर्थिक और मानसिक, दोनों तरह का दबाव बढ़ रहा था। इसी दौरान जमालपुर में स्थित शिफा हॉस्पिटल के ट्रस्टी अफजल भाई ने ताहिरा को अपने यहाँ नौकरी दी। अपनी तनख्वाह से वह डायलिसिस का पूरा खर्च खुद उठा लेती थी। उसके भाई को भी नौकरी मिल गई। उसे 8,000 रुपए महीना वेतन मिलने लगा। तीन वक्त का भोजन अलग। एक स्थानीय बिजनेसमैन मुशीरल भाई ने ताहिरा और उसके भाई के रहने के लिए अपने मकान में व्यवस्था कर दी। वह भी मुफ्त! जगदीश पटेल ने अपना गैस कनेक्शन इन्हें दे दिया। एक साल और इसी तरह निकल गया।

फिर इसी साल जन्माष्टमी के पहले ताहिरा को अस्पताल से कॉल आई। अस्पताल में एक ब्रेन डैड मरीज भानू बहन का परिवार उनके अंगों को दान कर रहा था। भानू बहन की किडनियाँ दो अलग-अलग मरीजों को दी जा रही थीं। इनमें से एक ताहिरा थी। दूसरे कोई सरकारी अफसर। भानू बहन का लिवर और आँखें भी तीन अलग-अलग मरीजों के काम आनेवाली थीं। इस तरह वे पाँच लोगों की जिंदगी रोशन कर रही थीं। भानू की किडनी ताहिरा से मेल खा चुकी थी। जन्माष्टमी के दिन उसका ऑपरेशन हुआ और सफल रहा। शरीर नई किडनी को स्वीकार कर रहा था। ताहिरा को नई जिंदगी मिल चुकी थी। ठीक होने के बाद वह अब पी-एच.डी. पूरी करना चाहती है। साथ ही ऑर्गन डोनेशन (अंग दान) के लिए अभियान चलाना चाहती है, खासकर अपने समुदाय में। वह धर्मगुरुओं से भी बात करना चाहती है, ताकि वे अपनी तकरीरों (भाषण) में, शिक्षा में, लोगों को अंग दान के लिए प्रोत्साहित करें, प्रेरित करें।

फंडा यह है कि मानवता की कोई सीमा नहीं। जाति, धर्म, नस्ल, संप्रदाय सबसे यह ऊपर होती है। सभी धर्म समान रूप से इसकी शिक्षा देते हैं। डेढ़ साल तक ताहिरा के संघर्ष की कहानी इन बातों को पुख्ता करती है।

□

शारीरिक जोखिम उठाकर भी चैरिटी के लिए धन जुटाना संभव

वर्ष 2005 में अमीरात एयरलाइंस की क्रू मेंबर मारिया कांस्किओ ने ढाका (बँगलादेश) में बच्चों के जीवन पर गरीबी के प्रभाव को देखा। इसके साथ ही उन्हें अपने बचपन के दिन याद आ गए।

उसकी माँ उसका पालन-पोषण नहीं कर सकती थीं, क्योंकि वे अल्जाइमर की मरीज थीं। इसलिए एक अंगोलाई शरणार्थी क्लीनर क्रिस्टिना, जिसके छह बच्चे थे, ने उसे गोद ले लिया। किसी गरीब अश्वेत महिला द्वारा श्वेत बच्चे को पालना सामान्य बात नहीं थी। पुर्तगाल के अधिकारी इसकी अनुमति देने को तैयार नहीं थे। उसने तमाम बाधाओं के बाद भी हार नहीं मानी और अधिकारियों से संघर्ष करती रही। इस बीच क्रिस्टिना की मौत हो गई, तब मारिया की उम्र 12 साल थी। मारिया ने खुद को सँभाला और एयरलाइंस में क्रू मेंबर के रूप में नौकरी हासिल कर ली।

उसने गोद लेनेवाली माँ का कर्ज चुकाने के लिए 'मारिया क्रिस्टिना फाउंडेशन' बनाया। 2005 में ढाका की झुग्गी बस्ती में फाउंडेशन का स्कूल खोलने में उसके दोस्तों और शुभचिंतकों ने मदद की। कुछ दिनों की मेहनत के बाद स्कूल के होनहार बच्चे दुबई में हायर एजुकेशन के लिए गए, जहाँ फाउंडेशन ने अनेक युवा दंपतियों के माध्यम से इन्हें नौकरी दिला दी।

हालाँकि तीन साल बाद पैसों की कमी के चलते फाउंडेशन का स्कूल बंद हो गया। मारिया को फिर से इस स्कूल को चलाने के लिए दस लाख डॉलर की जरूरत थी। धन इकट्ठा करने के लिए उसने 'एवरेस्ट फतह' का अभियान शुरू किया। मारिया पूरे साल भर सुबह साढ़े पाँच बजे उठती और चार घंटे तक अपनी पीठ पर

25 से 29 किलो का वजन लेकर दुबई के मरीना में चढ़ाई पर चढ़ती। नेपाल रवाना होने से पहले उसने प्रतिदिन करीब 250 मंजिल के बराबर चढ़ाई की। उसने लगातार स्वीमिंग, रनिंग और योग के माध्यम से हार्ट की फिटनेस को बनाए रखने की भरसक कोशिश की। इसके साथ ही उसने भारत के 'नेहरू इंस्टीट्यूट ऑफ माउंटेनियरिंग' में 28 दिन का कोर्स किया। वह 'ए' ग्रेड में पास हुई। उसने टेक्निकल ट्रेनिंग के बतौर किलीमंजारो (अफ्रीका), एलब्रस (यूरोप) और एकांकागुआ (दक्षिण अमेरिका) में कई चोटियों पर चढ़ाई की।

मारिया अपने अभियान के बीसवें दिन माउंट एवरेस्ट की ओर 8600 मीटर ऊँचाई पर पहुँच गई। वहाँ शरीर को जमा देनेवाला माइनस 14 डिग्री का तापमान था। उसने अपने एक हाथ से गाइड की रस्सी को मजबूती से पकड़ रखा था। उसके ऊपर बर्फ की पतली चादर चढ़ गई थी। उसने बर्फ काटनेवाली कुल्हाड़ी को बर्फ में मारा और एवरेस्ट की चोटी को देखा। हजारों मीटर की ऊँचाई से नीचे देखने पर उसे वास्तविकता का आभास हुआ। उसे अहसास था कि यहाँ गलती की कोई गुंजाइश नहीं है, क्योंकि एवरेस्ट पर छोटी सी गलती भी माफ नहीं होती है। वह यहाँ एक उद्देश्य लेकर आई थी और अभी मरना नहीं चाहती थीं। अचानक उसका गाइड सत्यव्रत डेम चिल्लाया, ''आप तेजी से ऊपर नहीं चढ़ रही हैं। जल्द आगे बढ़िए या फिर कैंप वापस लौटने के लिए तैयार रहिए।'' गाइड को भय था कि अगर मौसम खराब हो गया तो मारिया चोटी पर नहीं पहुँच पाएगी। उधर मारिया के दिमाग में उसके फाउंडेशन के 600 बच्चों का चेहरा घूम रहा था। वह जानती थी कि उसकी आशा की वह अकेली किरण है। एक क्षण के लिए उसे अपनी गोद लेनेवाली माँ क्रिस्टिना की याद आई, जिन्होंने उसे करुणा और लगन जैसे मूल्य दिए थे। उसने अपने सिलेंडर से ऑक्सीजन के लेवल को प्रति मिनट दो से बढ़ाकर तीन लीटर कर दिया, ताकि उसकी ताकत बढ़े। इसके साथ वह अपने गाइड को पीछे छोड़कर चोटी पर पहुँच गई।

फंडा यह है कि ग्लोबल आर्थिक संकट का सामना करने के लिए लोगों को न केवल धन जुटाने, बल्कि अपना अस्तित्व बनाए रखने के कौशल को पैना करने के लिए शारीरिक रूप से चुनौतीपूर्ण काम को हाथ में लेना चाहिए।

□

दूसरों से अलग रहने के लिए लीक से हटकर चलें

ब्रिटेन के प्रिंस विलियम्स की पत्नी ने सोमवार को एक बच्चे को जन्म दिया है। यह राजकुमार भविष्य में ब्रिटिश राजघराने की गद्दी सँभालनेवाला है। पूरी दुनिया में इसकी चर्चा है, लेकिन हम अपने देश की कहानी बताएँगे। उससे पहले कुछ आँकड़े भी। हमारे देश में हर एक लाख महिलाओं में से 212 की मौत बच्चे को जन्म देते वक्त हो जाती है। पूर्वोत्तर के राज्य असम में तो आँकड़ा दोगुने से भी ज्यादा है। यहाँ प्रति लाख महिलाओं में से 490 बच्चे के जन्म के समय मौत के आगोश में समा जाती हैं। वजह? राज्य की करीब तीन करोड़ की आबादी में से एक बड़ा हिस्सा आज भी स्वास्थ्य सुविधाओं और डॉक्टरों की कमी की वजह से तकलीफों का सामना कर रहा है। खासकर, वह आबादी तो ज्यादा ही परेशानी में है, जो ब्रह्मपुत्र नदी के किनारों या उसके करीब 2,500 टापुओं पर बसी है। जोरहाट जिले के भीमपारा गाँव की 21 साल की चिंपी बोरा इसी आबादी का हिस्सा हैं। उस रोज रात के 12 बज रहे थे। चिंपी प्रसव पीड़ा से तड़प रही थीं। भगवान् से प्रार्थना कर रही थीं कि ज्यादा कष्ट न हो और बच्चे का जन्म हो जाए। लेकिन ऐसा कहाँ होता है! प्रसव पीड़ा बढ़ती जा रही थी। साथ में चिंता भी। चिंपी का 25 वर्षीय पति बार-बार अपनी झोंपड़ी के बाहर देख रहा था कि शायद कहीं कोई मददगार दिख जाए। तेज बारिश की वजह से पूरे इलाके में घुटनों तक पानी भरा हुआ था। थोड़ी ही दूरी पर ब्रह्मपुत्र ठाठें मार रही थी और यहाँ चिंपी की जान पर बन आई थी।

चिंपी के पति को कुछ सूझ नहीं रहा था कि क्या करे! तभी उसे उफनती नदी में दूर कहीं लाइट दिखाई दी। शायद कोई नाव थी, जो उसी तरफ आ रही थी।

उम्मीद की रोशनी थी यह। बोरा मौका चूकना नहीं चाहता था, इसलिए उन्हीं हालात में वह झोंपड़ी से निकल पड़ा। दौड़ते हुए नदी के किनारे तक पहुँचा और जोर-जोर से चिल्लाने लगा। किस्मत अच्छी थी, इसलिए उसकी आवाज नाव में बैठे लोगों तक पहुँच गई। नाव नजदीक आई तो पता चला कि वह एक चलता-फिरता क्लीनिक है। उसमें डॉक्टर और इलाज का पूरा इंतजाम है। बोरा के साथ उस नौका के सदस्य उसकी झोंपड़ी पर आए और उनकी मदद से चिंपी के बच्चे का जन्म सुरक्षित तरीके से हो गया। लेकिन यहाँ किसी के भी दिमाग में यह सवाल आ सकता है कि ऐसे मुश्किल हालात में भी लोगों की मदद को निकले लोग आखिर कौन थे?

ये लोग स्वयंसेवी संगठन 'सेंटर फॉर नॉर्थ ईस्ट स्टडीज (सी-एन ई एस) ऐंड पॉलिसी रिसर्च' के सदस्य थे। सी-एनईएस दूर-दराज के लोगों को स्वास्थ्य सुविधाएँ मुहैया कराने के मिशन में लगा हुआ है। यह संगठन पत्रकार, संपादक और फिल्म निर्माता संजय हजारिका के दिमाग की उपज है। उन्होंने एक छोटी सी टीम बनाई है, जो सभी तरह की सुविधाओं से लैस उनके 'बोट क्लीनिक' पर तैनात रहती है। 'बोट क्लीनिक' की अवधारणा को 2004 में विश्व बैंक का 'इंडिया डेवलपमेंट मार्केट प्लेस अवार्ड' मिल चुका है। संजय ने इस पुरस्कार में मिली रकम से ही पहला 'बोट क्लीनिक' बनाया था। इसका नाम रखा गया, 'आखा'। असमिया भाषा में इस शब्द का मतलब होता है, 'आशा।' संगठन के हर बोट क्लीनिक पर दो डॉक्टर, तीन नर्स और एक-एक लैब टेक्नीशियन तैनात रहता है। लैब और दवाओं की सुविधा भी रहती है। परिवार नियोजन, बच्चों के स्वास्थ्य, लैब टेस्टिंग आदि में ये बोट क्लीनिक लोगों की मदद करते हैं। यही नहीं, लोगों को टीम के सदस्य स्वास्थ्य अधिकारों के प्रति जागरूक भी करते हैं। बोट क्लीनिकों की पहुँच आज करीब 10 लाख लोगों तक हो चुकी है।

असम के द्वीपों पर रहनेवाले लोगों खासकर गर्भवती महिलाओं के लिए मुश्किल वक्त में डॉक्टर तक पहुँचना एक खौफनाक अनुभव होता है। उदाहरण के लिए लाइका द्वीप को ही ले लीजिए। यहाँ के लोगों को पहले देसी नौका पर ब्रह्मपुत्र नदी पार करनी होती है। फिर कई किलोमीटर तक घने जंगलों से भयानक जंगली जानवर, साँपों आदि से बच-बचाकर गुजरना पड़ता है। तब कहीं जाकर वे किसी डॉक्टर या अस्पताल तक पहुँच पाते हैं। ऐसे में अकसर लोग जोखिम लेने से बचते

हैं। बीमारियों में घरेलू इलाज और बच्चे का जन्म भी घर पर ही कराने की कोशिश रहती है। ऐसे में 'बोट क्लीनिक' इन सबके लिए उम्मीद की जगमगाती रोशनी की तरह सामने आया है।

फंडा यह है कि अगर आप चाहते हैं कि आप दूसरों से अलग समझे जाएँ तो कुछ अलग करना होगा। काम कितना अलग हो, यह आपके हाथ में है।

□

आप भी किसी के सपनों को सच करने में मदद कर सकते हैं

बेंगलुरु के आईटी एक्जीक्यूटिव अरबिंदो घोष 29 साल के हैं। कुछ महीने पहले उन्होंने एक कार्यक्रम में भागीदारी के लिए दस्तखत किए थे। शहर के आईटी प्रोफेशनल्स ने सड़कों पर घूमनेवाले बच्चों के लिए यह कार्यक्रम आयोजित किया था। इस कार्यक्रम के तहत आयोजित पहले कैंप में ही अरबिंदो को एक प्यारा सा बच्चा मिला। आनंद नाम था उसका। वे उसके बगल में जा बैठे। उससे पूछा, ''क्या बनना चाहते हो?'' उसने तपाक से उत्तर दिया, ''पुलिस।'' अरबिंदो ने उससे पूछा, ''क्यों?'' उसने बताया, ''मुझे एक आदमी जबरन भीख माँगने के लिए मजबूर कर रहा था। तब मुझको पाँच पुलिसवालों ने बचाया, इसीलिए।'' वह बच्चा उन पुलिसवालों का अहसानमंद था। मानता था कि आज उसकी खुशियों की वजह वे ही लोग हैं। कैंप खत्म हो गया, लेकिन यह छोटी सी मुलाकात अरबिंदो के जेहन में हमेशा के लिए बस गई। अरबिंदो के साथ आनंद का रिश्ता भी हमेशा का हो गया। आज वे उस बच्चे के संरक्षक, केयर टेकर और पिता जैसे हो चुके हैं। अनाथालय में रह रहे बच्चों को खाना, कपड़ा, आसरा और शिक्षा, भले किसी भी स्तर की हो, मिल ही जाती है, लेकिन उन बच्चों के सपनों की अहमियत शायद ही कभी समझी जाती हो। बमुश्किल ही कोई यह समझने की कोशिश करता हो कि वे बच्चे बनना क्या चाहते हैं! लेकिन बेंगलुरु में ही विप्रो कंपनी में काम करनेवाली आईटी प्रोफेशनल रीना चौधरी ने इस दिशा में सोचा है। उन्होंने अपनी तरह की सोच रखनेवाले दूसरे प्रोफेशनल्स को जोड़ा। एक ग्रुप बनाया। उसका नाम रखा—'ए लिटिल ड्रीम' (एएलडी)। इस ग्रुप के लोग दुःखी, परेशान, आवारा घूमनेवाले

पाँच से 16 साल तक के बच्चों तक पहुँच रहे हैं। उनके लिए कैंप आयोजित करते हैं। इसमें पूरे दिन बच्चों के लिए आर्ट, कसीदाकारी, म्यूजिक, डांस, खेल, खाना आदि का इंतजाम होता है। आईटी प्रोफेशनल्स और इंजीनियरिंग कॉलेजों के स्टूडेंट्स का यह ग्रुप अब तक पूरे कर्नाटक में इस तरह के 11 कैंप आयोजित कर चुका है। ग्रुप के सदस्य कैंप में आनेवाले बच्चों से बात करते हैं। उनसे उनके सपनों के बारे पूछते हैं। उनसे कहते हैं कि वे उसे आर्ट के जरिए जाहिर करें। फिर जहाँ तक हो सके, ये लोग उन बच्चों के सपनों को पूरा करने में मदद करते हैं।

'एएलडी' का मुख्य काम वैसे तो इस तरह के कैंप का आयोजन करना ही है, लेकिन ग्रुप के सदस्य समय-समय पर बच्चों के अस्पताल भी जाते हैं। वहाँ भरती बच्चों के लिए तरह-तरह के कार्यक्रम आयोजित करते हैं। हाल ही में इसी तरह का एक आयोजन 'इंदिरा गांधी इंस्टीट्यूट ऑफ चाइल्ड हेल्थ' में किया गया। अस्पतालों में भरती बीमार बच्चों को एएलडी के सदस्य कहानियाँ सुनाते हैं। उनके लिए क्रिसमस, दीवाली और बर्थडे पर पार्टियों का आयोजन करते हैं। बर्थडे पार्टी तो इतनी धमाकेदार रहती है कि घरों में क्या होती होगी! इसमें मैजिक शो, फोटोग्राफी, डांस, मस्ती, गुब्बारे, मुखौटे, केक वगैरह सबकुछ होता है। इस ग्रुप के सदस्य बेसहारा बच्चों के लिए वह सबकुछ कर रहे हैं, जो कर सकते हैं। हाल में ही ग्रुप की ओर से भवन-निर्माण मजदूरों के बच्चों को खिलौने देने का एक अभियान चलाया गया। कुछ चुने हुए बच्चों के लिए जल्दी ही एक आर्ट और म्यूजिक वर्कशॉप आयोजित की जा रही है। इसमें बड़े कलाकार बच्चों को उनकी रुचि के अनुसार ट्रेनिंग देंगे।

सड़कों पर आवारा फिरनेवाले बच्चे हों या मजदूरी करनेवाले, सैक्स वर्कर्स के बच्चे हों या फिर एड्स जैसी गंभीर जानलेवा बीमारी का दंश झेल रहे बच्चों का मामला हो, सभी की जिंदगी बेरंग, बदरंग-सी हो जाती है। खुशियाँ इनसे मुँह चुरा लेती हैं। इनकी नन्ही सी आँखें ख्वाबों से खाली हो जाती हैं। 'एएलडी' के सदस्य इसी खालीपन को भरने की कोशिश में लगे हैं। उनकी ये छोटी कोशिशें जरूरतमंद बच्चों के लिए बहुत बड़ी होती हैं। हर कैंप में उन्हें बच्चों से जिस तरह की प्रतिक्रिया मिलती है, वह किसी सेलीब्रिटी जैसी ही होती है। बच्चे उन्हें भगवान् की तरह समझने लगते हैं। ग्रुप के सदस्य भी बच्चों के लिए हर तरह के प्रयास कर रहे हैं। यहाँ तक कि अपने अभियान के लिए धन जुटाने की उनकी कोशिशें भी अनोखी

हैं। आईटी प्रोफेशनल्स अपनी जेब से थोड़ा-थोड़ा योगदान देते हैं, जबकि इंजीनियरिंग के छात्र पैसे जुटाने के लिए अपने आस-पड़ोस में अखबार बाँटने का काम करने से भी नहीं हिचकते। अपनी हर कोशिश से इन सदस्यों को खुशी मिलती है।

फंडा यह है कि बतौर इनसान हमारे पास मौका होता है कि हम किसी के सपने पूरे कर सकें। उसमें मददगार बन सकें। यकीन मानिए, अगर आप इस मौके का फायदा उठाते हैं और ऐसा कुछ करने निकलते हैं, तो यह काम आपकी जिंदगी का नशा हो जाएगा। एक बार कोशिश क्यों नहीं करते?

□

कुछ जिंदगियों को रोशन करना भी कॉरपोरेट जॉब से कम नहीं है

आपको यह सब करने के लिए हिम्मत और पक्का इरादा चाहिए। अगर आप ऐसे परिवार से ताल्लुक रखते हैं, जिसकी आमदनी औसत है। अगर आप कठोर परिश्रम के बल पर अमरीका में मैनेजमेंट प्रोग्राम के लिए चुने गए हैं तो यकीनन आप और आपका परिवार चाहेंगे कि आप पढ़ाई पूरी करके खूब पैसे कमाएँ। खास तौर पर जब डिग्री पूरी होते ही आपके सामने नौकरियों के ऑफर्स का ढेर लग रहा हो, लेकिन कोलकाता के एक पुलिसकर्मी का 26 साल का बेटा अभिषेक सिंह ऐसा नहीं है। उसने अपनी जिंदगी कमजोर तबके के बच्चों को रग्बी सिखाने के लिए समर्पित कर दी है। वह हावड़ा, किड्डरपोर या ईएम बाइपास पर स्थित झोंपड़ियों में जाने से जरा भी नहीं हिचकता। रोज वह अलग-अलग जगहों पर जाकर यह सुनिश्चित करता है कि इन इलाकों के किसी भी बच्चे की रग्बी की ट्रेनिंग छूट न जाए। बदले में अभिषेक को क्या मिलता है? बच्चों के होंठों पर मुसकराहट और ढेर सारा प्यार!

साल 2004 की बात है। किशोर उम्र का अभिषेक सुबह जॉगिंग के लिए जा रहा था। एक मैदान पर तभी पहली बार उसने रग्बी बॉल देखी। युवा लड़कों का एक समूह प्रैक्टिस कर रहा था। अभिषेक को पहली ही नजर में इस खेल से प्यार हो गया। इत्तेफाक से इसी दौरान उसकी मुलाकात पॉल वाल्श से हो गई। पॉल ने ब्रिटिश राजनयिक के तौर पर अपनी नौकरी को अलविदा कह दिया था और वे कमजोर तबके के बच्चों को रग्बी की ट्रेनिंग दे रहे थे। अभिषेक ने पॉल से कठोर प्रशिक्षण हासिल किया। इसके बाद 'जंगल क्रो' नामक क्लब में शामिल हो गया। चार साल तक वह क्लब के साथ खेला। इस दौरान वह ब्रिटेन जैसे देशों में भी गया। यह उसके

लिए किसी सपने के सच होने जैसा था। रग्बी के खेल ने ही उसे विदेश जाकर पढ़ने के लिए प्रेरित किया। इस खेल ने उसकी जिंदगी बदलकर रख दी।

घर में अकेला लड़का था। इसलिए अभिषेक के माता-पिता चाहते थे कि वह पढ़ाई पूरी करके अच्छी नौकरी हासिल करे। उसने मेहनत भी खूब की और खेल के दम पर स्कॉलरशिप भी हासिल की, लेकिन जैसे ही वह पढ़ाई पूरी कर अपने शहर लौटा, उसका दिल कुछ अलग करने के लिए मचल उठा। उसने 'खेलो रग्बी' नामक परियोजना में प्रोग्राम मैनेजर के तौर पर काम सँभाल लिया। वह बच्चों को रग्बी सिखाने लगा। उसे यकीन था कि जिस तरह इस खेल ने उसकी जिंदगी बदली है, उसी तरह यह कमजोर तबके के दूसरे बच्चों का जीवन भी बदल देगा। आज इस परियोजना के तहत करीब 600 बच्चे ट्रेनिंग ले रहे हैं।

इन बच्चों के माता-पिता को भी यकीन हो चला है कि अभिषेक ने इस खेल को इन गलियों में लाकर करिश्मा कर दिया है। वे गलियाँ, जहाँ कोई भी बाहर का आदमी घुसने से पहले ही नाक-मुँह सिकोड़ने लगता है, लेकिन अभिषेक और उसकी टीम के कोच को इन इलाकों से मिलनेवाले दाग-धब्बों से कोई तकलीफ नहीं होती। गरीब आबादी भी अपने बच्चों को इन लोगों के हाथ में सुरक्षित मानकर छोड़ देती है। ये वे इलाके हैं, जहाँ बच्चों के अपराध में शामिल होने की आशंका हमेशा बनी रहती है, लेकिन रग्बी के खेल ने उनको अनुशासित बना दिया है। उनके माता-पिता भी अब उनके भविष्य को लेकर सोचने पर मजबूर हैं। अभिषेक बच्चों को रग्बी के साथ ही पढ़ाई की अहमियत के बारे में भी बताते हैं। उन्हें स्वास्थ्य और साफ-सफाई के बारे में जानकारियाँ देते हैं। यह उनके प्रशिक्षण का ही कमाल है कि छोटे से इलाकों के बच्चे अब बड़े सपने देखने लगे हैं। कुछ रग्बी का बड़ा खिलाड़ी बनना चाहते हैं। कुछ दुनिया घूमना चाहते हैं। कुछ तो अभिषेक को अपना आदर्श मानते हुए उन्हीं की तरह दूसरे शोषित बच्चों को रग्बी सिखाना चाहते हैं। और अभिषेक? एक सादा और लो-प्रोफाइल जीवन जीनेवाले शख्स की तरह कारनामे-दर-कारनामे किए जा रहे हैं।

फंडा यह है कि अपने आस-पास कई जिंदगियों को रोशन करना किसी कॉरपोरेट जॉब से कम नहीं है। बहुत कम लोग होते हैं, जो अभिषेक की तरह भारी जोखिमवाले सामाजिक उद्यमों को हाथ में लेते हैं।

□

आपदा में आप भी मददगार हो सकते हैं, किसी को बचाकर या उसकी सुरक्षा करके

पहली कहानी—सॉफ्टवेयर इंजीनियर गिरीश दास ने अपने दोस्त विश्वास कृष्णमूर्ति और सिविल इंजीनियर राहुल रविशंकर के साथ नौकरी से 10 दिन की छुट्टी ली। बेंगलुरु में पहली 'हम' टीम बनाई और उत्तराखंड में बचाव व राहत के काम में हाथ बँटाने के लिए चल दिए। राहुल 'कीस्टोन कंसल्टेंट्स' के संस्थापक हैं, जबकि गिरीश और विश्वास 'एक्सॉन नेटवर्क सॉल्यूशंस' में काम करते हैं। उत्तराखंड में तीनों खाना, दवाई, कंबल व अन्य मामलों से जुड़ी महत्त्वपूर्ण सरकारी सूचनाएँ पीड़ितों तक पहुँचाने में मदद कर रहे हैं। खास तौर पर उन जगहों पर, जहाँ मोबाइल संपर्क पूरी तरह टूट चुका है। 'हम' ऑपरेटर किस तरह की सूचनाएँ प्रसारित करते हैं, इसकी एक बानगी देखिए! जैसे कि विपदावाले इलाके से उन्होंने उन लोगों की एक लिस्ट बनाई, जो लापता हो गए हैं। उस लिस्ट को मास्टर कंट्रोल रूम में भेज दिया। मास्टर कंट्रोल रूम में एक अन्य ऑपरेटर इस लिस्ट को डाउनलोड कर अधिकारियों तक पहुँचाता है या फिर उन लोगों तक, जिन्हें इसकी जरूरत हो सकती है। इन सेवाओं का लाभ वे लोग भी ले सकते हैं, जो मोबाइल और लैंडलाइन सेवा ध्वस्त हो जाने के बाद अपने परिवार से संपर्क नहीं कर पा रहे हैं और अपने परिजनों को अपनी कुशलता का संदेश भेजना चाहते हैं। गिरीश इसी तरह का काम राहुल और विश्वास के साथ मिलकर गुजरात के भूकंप एवं अंडमान की सुनामी के दौरान भी कर चुके हैं।

दूसरी कहानी—आप 'हम' की तरह काम नहीं कर सकते, क्योंकि आप तकनीक के वैसे जानकार नहीं हैं, लेकिन आप किसी दूसरे तरीके से विपदा को

रोक सकते हैं। हैदराबाद के चेरापल्ली खुले जेल ने सक्षम और नेक लोगों से अपील की है कि वे कैदियों के परिवारों को गोद लें। अपील में लोगों से कहा गया है, "मदद कई तरह से की जा सकती है। आप कैदियों के बच्चों की फीस अदा कर सकते हैं। उन्हें नौकरी देकर या दिलाने में मदद कर सकते हैं। परिवार की चिकित्सा संबंधी जरूरतों व खर्चों को उठा सकते हैं। यह सब इसलिए, ताकि अपराधियों के बच्चे भी अपराधी न बन जाएँ। उनका परिवार अपनी जरूरतों को पूरा करने के लिए गलत रास्ते पर न चला जाए।" यह सीधी-सादी सी अपील काम कर गई। करीब 130 एकड़ में फैले इस खुले जेल में इस सप्ताहांत करीब 30 लोग कैदियों से मिलने आए। इनमें सॉफ्टवेयर प्रोफेशनल्स, कर्मचारी और बिजनेस मैन शामिल थे। अपनी तरह की इस अनूठी बातचीत के दौरान इन लोगों ने कैदियों की मनोदशा को समझा। उनकी और उनके परिवार की समस्याओं व जरूरतों के बारे में भी जाना। मदद का प्रस्ताव भी दिया। करीब 60 साल पुराने जेल में इस तरह का यह पहला मौका था। मदद को आगे आए लोगों में ज्योति रेड्डी भी थीं। वे आंध्र प्रदेश में वारंगल जिले के एक छोटे से गाँव से ताल्लुक रखती हैं और अमरीका में एक सॉफ्टवेयर कंपनी की प्रमुख हैं। इस खुले जेल में करीब 150 कैदी हैं। जेल की ओर से की गई अपील का मकसद यह है कि करीब-करीब सभी कैदियों के परिवार को कोई मददगार मिल जाए। मदद के लिए कुछ और लोगों ने भी रुचि दिखाई है, जो अगले कुछ हफ्तों में जेल में कैदियों से मिलने आ सकते हैं। इस पहल के पीछे उद्देश्य यह भी है कि कैदियों को पता लगे कि समाज उनकी और उनके परिवार की चिंता करता है। यहाँ गौरतलब यह भी है कि मददगारों से बातचीत के दौरान कई कैदियों को यह आश्वासन भी मिला है कि उनके बच्चों को उच्च शिक्षा हासिल करने में पूरी मदद की जाएगी। वे चाहेंगे तो उन्हें पढ़ने के लिए विदेश भी भेजा जाएगा।

फंडा यह है कि मतलब आप समाज में किसी भी तरह से योगदान कर सकते हैं। चाहे तो किसी विपदा में फँसे लोगों की सीधे तौर पर, जो भी संभव हो, मदद कर दी जाए या ऐसा कुछ कर दिया जाए कि भविष्य में होनेवाली कोई विपदा टल जाए। उत्तराखंड की विपदा के दौरान पूरे देश से मदद पहुँची है। जो लोग इस काम में साथ नहीं आ पाए हैं, उनके लिए मौका अब भी चूका नहीं है।

□

समाज बदल नहीं सकते, पर कुछ अलग तो कर सकते हैं

अक्तूबर 2010। उत्तर प्रदेश में जौनपुर जिले के महाराजगंज कस्बे में सावंसा गाँव का सामुदायिक स्वास्थ्य केंद्र। एक रोज भरी दोपहरी में 46 साल की निर्मला देवी स्वास्थ्य केंद्र से बाहर निकल रही थीं, तभी पीछे से एक अजनबी आवाज को सुनकर उनके पैर ठिठक गए। शायद बिल्ली थी। निर्मला को चिंता हुई कि कहीं बिल्ली जाल में तो नहीं फँस गई है! आवाज ही कुछ ऐसी थी। उन्होंने तलाश शुरू की। ढूँढ़ते-ढूँढ़ते स्टोररूम तक पहुँच गईं। वहाँ का दरवाजा बंद था, लेकिन खिड़की का काँच टूटा हुआ था। वहाँ से झाँककर अंदर देखा तो धक रह गईं! वहाँ फटे-चीथड़े कपड़े में लिपटा एक नवजात जमीन पर पड़ा था, जो रोए जा रहा था। बच्चे का चेहरा नीला पड़ गया था। शायद बड़ी देर से रोते रहने के कारण। चार बच्चों की माँ निर्मला ने स्टोररूम के दरवाजे को धीरे से धक्का देकर देखा तो वह खुल गया। वे तुरंत अंदर गईं और उस बच्चे को गोद में उठा लिया। उनका मातृत्व जाग उठा था। रहा नहीं गया, वहीं बच्चे को दूध पिलाना शुरू कर दिया। उस वक्त निर्मला की सबसे छोटी संतान छह महीने की बच्ची थी। इसलिए कुछ घंटे पैदा हुए इस नवजात को दूध पिलाने में उन्हें कोई दिक्कत नहीं हुई। बच्चा जब शांत हो गया तो उन्होंने उसके माता-पिता की तलाश शुरू कर दी। पूरे स्वास्थ्य केंद्र में पता किया, लेकिन कोई नहीं मिला। दूसरे अस्पतालों में भी ढूँढ़ा, लेकिन कोई जानकारी नहीं मिली। कुछ नहीं सूझा तो वे बच्चे को घर ले आईं।

बच्चे की हालत बहुत अच्छी नहीं थी। सावंसा गाँव में इलाज की बेहतर सुविधा भी नहीं थी। इसलिए निर्मला ने बच्चे को शहर के एक निजी नर्सिंग होम में

भरती करा दिया। उनके लिए उस बच्चे की देखभाल-इलाज एक बड़ी चुनौती थी; क्योंकि तीन लड़के, एक लड़की की माँ तो वे पहले से ही थीं। अब यह छोटी सी दूसरी नवजात, जिसे उसके माता-पिता ने ही फेंक दिया था। निर्मला के पति और परिवार के लोग एक और बच्ची की जिम्मेदारी मोल लेने के मूड में नहीं थे, जबकि निर्मला बच्ची को छोड़ना नहीं चाहती थीं। माँ की तरह उसे दूध जो पिलाया था। उस अनाथ बच्ची को लेकर पति और परिवार से उनका झगड़ा बढ़ता जा रहा था। नतीजा यह हुआ कि एक दिन उन्हें उनके ससुरालवालों ने घर से बाहर निकाल दिया। निर्मला ने हार नहीं मानी। मायके का सहारा मिला। जीविका चलाने के लिए भाई के साथ मजदूरी शुरू कर दी, लेकिन पैसे बहुत कम मिल रहे थे। भाई-बहन दोनों को मिलाकर महीने में 6,000 रुपए भी नहीं मिल पाते थे। मायके में 15 लोगों का परिवार। इतना रकम से सबका खर्च चलाना मुश्किल हो रहा था। फिर भी इस परिवार के किसी सदस्य ने निर्मला व उस बच्ची को अपनाने में हिचक नहीं दिखाई। बच्ची का नाम भी रख दिया—अंकिता। वक्त बीतता गया। न तो निर्मला ने हार मानी, न ही उनके मायकेवाले पीछे हटे। नतीजा? निर्मला उत्तर प्रदेश की चंद साहसी महिलाओं में शुमार की गई हैं। वे महिलाएँ, जिन्होंने पारिवारिक-आर्थिक चुनौतियों के बावजूद किसी अनाथ बच्ची की जिंदगी बचाई।

देश में लिंगभेद के खिलाफ संघर्ष करनेवाली सामाजिक संस्था 'एक्शन एड' ने निर्मला सहित 15 महिलाओं को सम्मानित किया है। 'हिम्मत है जीने की' नामक अभियान के तहत दो पुरुषों को भी सम्मानित किया गया है। सम्मान पानेवालों की सूची में बागपत जिले के हिसाबा गाँव की सुनीता यादव भी शामिल हैं। वे गाँव की सड़क में भीख माँगनेवाली एक पाँच साल की बच्ची को घर ले आई थीं। पूजा नाम की यह बच्ची अब एक निजी स्कूल में सातवीं कक्षा में पढ़ती है। चित्रकूट जिले की रेखा को भी सम्मान मिला। वे सात बच्चों की माँ हैं और तीन बच्चों की दादी। फिर भी उन्होंने एक नवजात बच्ची को गोद लिया। इस बच्ची को उसकी कुँवारी माँ ने जन्म देने के बाद अस्पताल में ही छोड़ दिया था। रेखा को पता चला तो वे बच्ची को घर ले आईं। रेखा के पति रिक्शा चलाते हैं। परिवार की आमदनी सीमित है, लेकिन उन्होंने रेखा के फैसले का विरोध नहीं किया। पूरे परिवार ने बच्ची का नाम रखा—परी, जो अब उन्हीं की दुनिया में बस गई है। इतने लोगों के तो सिर्फ उदाहरण हैं। और भी न जाने कितने लोग हैं, जो पुरुष प्रधान समाज में भी लिंगभेद

की कुरीति के खिलाफ खड़े हैं। अपनी तमाम मुश्किलों के बावजूद वे समाज में स्त्री–पुरुष समानता के लिए योगदान दे रहे हैं।

फंडा यह है कि हम समाज को या दुनिया को बदल नहीं सकते, लेकिन कुछ-न-कुछ योगदान तो दे ही सकते हैं। आखिर हम इसी समाज में जो रहते हैं।

□

परोपकार करना है तो अलग अंदाज में करें

उस रात हाड़ कँपा देनेवाली ठंड थी। उसने दो स्वेटर पहन रखे थे। फिर भी कँपकँपी छूट रही थी। अभी वह स्टोर से घर के लिए निकला ही था कि देखा कि एक छह साल की बच्ची ठंड से ठिठुर रही है। उसके पास न घर था, न कोई मदद करनेवाला। अंशू गुप्ता के जेहन में उस बच्ची का चेहरा बस गया। उस वक्त वे उसकी मदद नहीं कर सके। क्या-कैसे करें, कुछ सूझा ही नहीं। शायद इसीलिए वे उस रात सो नहीं पाए, लेकिन अगले दिन वे नहीं रुके। उन्होंने सबसे पहले घर से कुछ ऐसे कपड़े और स्वेटर वगैरह निकाले और उस बच्ची के जैसे उन सभी बच्चों में बाँट दिए, जो बेसहारा थे। अंशू यहीं नहीं रुके। उन्होंने नाते-रिश्तेदारों, दोस्तों और परिचितों से भी आग्रह किया कि वे भी जरूरतमंद बच्चों की इसी तरह मदद करें। इस तरह एक सिलसिला चल निकला। शहर भर से लोग मदद के लिए आगे आने लगे। धीरे-धीरे पूरे देश से भी मदद मिलने लगी।

अंशू अभियान को लगातार गति देने में लगे थे। वे उसकी अगुवाई भी कर रहे थे। शुरुआत में उन्होंने घर के एक कमरे से काम शुरू किया। फिर एक ऑफिस बना लिया। देश भर से कपड़े उनके पास आ रहे थे। लिहाजा, उन्होंने उन्हें रखने के लिए एक वेयरहाउस ले लिया। आगे चलकर उन्होंने इस काम को एक नाम भी दे दिया, 'गूँज।' इसी नाम से संगठन रजिस्टर कराया गया। अभी इस काम ने रफ्तार पकड़ी ही थी कि अंशू को लगा कि लोग जो कपड़े दे रहे हैं, वे जरूरतमंदों के ज्यादा काम नहीं आ पा रहे हैं। उनका यह शक सही भी निकला; क्योंकि लोग फटे-पुराने बेकार कपड़े दान कर रहे थे। ऐसे में अंशू ने बिहार के एक गाँव में अध्ययन कराया। उन्होंने पाया कि लोग जरूरत पूरी करने के लिए काम करना पसंद करते हैं, न कि भीख माँगना या लेना। अंशू ने कुछ काम चिह्नित किए। इसके बदले

काम करनेवालों को कपड़े या उनकी जरूरत की दूसरी चीजें देने का फैसला किया। इस नई योजना को नाम दिया गया, 'क्लॉथ्स फॉर वर्क।' अंशू के साथ उनके काम में उनकी पत्नी मीनाक्षी भी लगातार मदद कर रही थीं। नई योजना से दोतरफा फायदा होना निश्चित था।

जहाँ काम होता, वहाँ उस इलाके को लाभ और जिन्होंने काम किया, उनकी भी मदद। योजना के तहत पहले-पहल बिहार के मधेपुरा जिले के सुखासन में एक बाँध बनवाया गया। यह बाँध बारिश के कारण ढह चुका था। लोगों को आने-जाने में काफी दिक्कत होती थी। उन्हें दूसरी तरफ जाने के लिए 10 किलोमीटर का सफर पैदल घूमकर तय करना पड़ता था। अंशू और उनकी टीम के लोगों ने करीब 100 स्थानीय कामगारों को जुटाया। बाँस की लकड़ियाँ आस-पास से जुटाई गईं। बाँध बनाने के लिए 'गूँज' की मदद से बाकी सामान भी जुटाया गया। और कुछ ही दिनों की मेहनत के बाद बाँध तैयार हो गया। पूरे प्रोजेक्ट पर लागत आई महज 2,000 रुपए। काम पूरा हो जाने के बाद 'गूँज' की ओर से कामगारों को साफ-सुथरे और अच्छे कपड़े मेहनताने के तौर पर दिए गए। गाँववालों ने बाद में सरकार से अपील की और अब सुखासन में कंक्रीट का पक्का बाँध बनाया जा चुका है। इस शुरुआत के बाद 'गूँज' की ओर से कई जगहों पर 'क्लॉथ्स फॉर वर्क' प्रोजेक्ट के तहत अभियान चले। इनके तहत कहीं बाँध बने तो कहीं सड़कें रिपेयर की गईं। कहीं कुएँ खोदे गए तो कहीं स्कूल बिल्डिंग बनवाई गई। इसी तरह के कई और विकास कार्य हुए। चौतरफा इन कामों की तारीफ तो हुई ही, इनसे चैरिटी के कामों को एक नई दिशा भी मिली।

फंडा यह है कि परोपकार के कामों के बारे में अगर कुछ अलग ढंग से सोचा जाए तो उनसे कई समस्याओं का हल निकल सकता है। अंशू गुप्ता और उनकी टीम ने यह कर दिखाया है।

□

मानो या नहीं, लेकिन कभी भगवान् आपको मसीहा बना देते हैं

वे सिर्फ 26 साल के हैं। मेडिकल प्रोफेशन में उन्हें आए अभी आठ महीने ही हुए हैं। डॉ. अंचित भटनागर की हम बात कर रहे हैं। मुंबई के 'जेजे अस्पताल' के सर्जरी विभाग से जुड़े हुए हैं। उस रोज वे हिल पार्क सोसाइटी में स्थित अपने घर पर आए ही थे, तभी उन्हें पता चला कि उनकी माताजी दिल्ली से आ रही हैं। नजदीकी अलेक्जेंडर ग्राहम बेल रोड पर भारी भीड़ थी। दाऊदी बोहरा समाज के धर्मगुरु सैयदना मोहम्मद बुरहानुद्दीन को अंतिम विदाई देने ये लोग देश और दुनिया भर से आए हुए थे। सैयदना मोहम्मद का निवासस्थान सैफी महल भी यहीं है।

डॉ. अंचित को पता चला तो वे तुरंत माँ को सुरक्षित घर लाने के लिए निकल पड़े। वे माँ को निकाल ही पाए थे कि अचानक भीड़ में भगदड़ मच गई। अंचित ने देखा कि लोग एक-दूसरे को धक्का दे रहे हैं। चीख-चिल्ला रहे हैं। जो गिर गए, उन्हें कुचलते हुए बचने के लिए यहाँ-वहाँ दौड़ रहे हैं। पुलिस भी भीड़ को सँभाल नहीं पाई। उसको इतनी भीड़ की उम्मीद नहीं थी। नीचे गिरे हुए लोग जैसे जिंदगी और मौत से संघर्ष कर रहे थे। महिलाओं-बच्चों की हालत सबसे ज्यादा खराब थी। कई बेहोश हो चुके थे। कई घायल थे। आस-पास कोई मेडिकल सुविधा भी नहीं थी।

यहाँ तक कि 24 घंटे खुली रहनेवाली दवाइयों की दुकानें भी बंद थीं। आस-पास की सोसाइटियों की बिल्डिंगों के गेट बंद थे। लोग घरों में भीतर घुसे हुए थे। शायद कोई भी जोखिम नहीं लेना चाहता था। तभी पास की हिल पार्क सोसाइटी और एमटीएनएल कॉम्प्लेक्स के गार्डों ने गेट खोल दिए, ताकि किसी तरह घायलों की

मदद की जा सके। ये दोनों इमारतें सैफी महल के सामने हैं। घायलों-पीड़ितों को एक-एक कर भीतर लाया जाने लगा। मौके पर डॉ. अंचित अकेले थे। उन्होंने भी वक्त नहीं गँवाया। उन्होंने सबसे पहले वहाँ लाए गए पाँच घायलों को अटेंड किया। सभी घायलों के शरीर में पानी की कमी हो रही थी। अंचित तुरंत अपने घर के भीतर दौड़े। ग्लूकोज और पानी लाकर उन घायलों को दिया। तभी कुछ और पीड़ित वहाँ ले आए गए। इनमें से कुछ बेहोश थे। अंचित ने उन्हें होश में लाने के लिए उनके मुँह में मुँह से हवा दी। तभी पास की एमटीएनएल बिल्डिंग का चौकीदार उनके पास आ गया। उसने बताया कि उसके यहाँ भी कई घायल लाए गए हैं, मदद चाहिए। वे तुरंत उसके साथ हो लिये, लेकिन उन्हें तीन मिनट की दूरी पर मौजूद बिल्डिंग तक पहुँचने में आधा घंटा लग गया। जैसे-तैसे वहाँ पहुँच पाए।

अंचित ने वहाँ भी अपनी तरफ से घायलों को बचाने के लिए हर तरह के प्रयास शुरू कर दिए। इसके बावजूद कुछ लोगों ने उनके सामने ही दम तोड़ दिया। हालात ऐसे थे कि एंबुलेंस मौके पर पहुँच नहीं पा रही थी। दवाइयाँ भी नहीं थीं। सिर्फ इन इमारतों में रहनेवाले लोग ही जो मदद दे पा रहे थे, वे ही थीं। अकेले डॉक्टर अंचित! जो बन पड़ा था, कर रहे थे। दो घंटे तक ये ही हालात थे। तब-तक इन इमारतों में 60 लोगों को लाया जा चुका था। इनमें तो जो दम तोड़ चुके थे, उन्हें छोड़कर ज्यादातर घायल ऐसे थे, जिनके हाथ या पैर टूट गए थे। वे तकलीफ में थे। डॉ. अंचित उन्हें दिलासा दे रहे थे। होश में रखने की कोशिश करते हुए उन्हें कुछ देर दर्द बरदाश्त करने की हिम्मत दे रहे थे। तभी करीब शाम चार बजे पहली एंबुलेंस मौके पर पहुँची। घायलों को अस्पताल पहुँचाया गया। हालाँकि तब तक 18 लोग दम तोड़ चुके थे, लेकिन घायलों में ऐसे भी कई थे, जो सिर्फ और सिर्फ अंचित की वजह से ही साँसें ले रहे थे। उनके लिए यह शख्स भगवान् के भेजे मसीहा से कम नहीं था।

फंडा यह है कि कभी-कभी जिंदगी में भगवान् आपको मौका देते हैं, उनकी ओर से भेजे मसीहा की भूमिका अदा करने का। उनके चमत्कारों का हिस्सा होने का। ऐसे मौकों को हमें कभी छोड़ना नहीं चाहिए।

□

अच्छा काम करने से नतीजे भी अच्छे मिलते हैं

बॉलीवुड के ग्लैमर के अलावा मुंबई महानगर कई और चीजों के लिए भी जाना जाता है। इनमें से एक हैं डिब्बेवाले। इन पर देश के आईआईएम से लेकर 'लंदन स्कूल ऑफ इकोनोमिक्स' ने काफी काम किया है। डिब्बेवालों की तरह ही एक और बड़ी वर्कफोर्स है, जो मुंबई के रेलवे स्टेशनों पर दिखाई पड़ती है। अलग पहचानवाले ये लोग बूट पॉलिश करते हैं। करीब एक हजार की संख्यावाले ये लोग नीली वरदी में चर्चगेट से विरार और सीएसटी से कल्याण तक रेलवे स्टेशनों पर मिल जाएँगे। बूट पॉलिश करके ये हर दिन 100 से 200 रुपए तक कमा लेते हैं। इसके लिए ये सेंट्रल और वेस्टर्न रेलवे को 236 रुपए हर महीने लाइसेंस फीस के रूप में चुकाते हैं। साल 1961 में रेल मंत्री जगजीवन राम ने रेलवे स्टेशनों पर बूट पॉलिश करनेवालों को अपने छोटे-छोटे बॉक्सनुमा स्टैंड लगाने की मंजूरी दी थी। इनमें से कई बूट पॉलिशवालों को मैं खुद जानता हूँ, जिनके बच्चे विदेशों और मुंबई के बड़े अस्पतालों में डॉक्टर हैं। बावजूद इसके ये लोग अपना काम नहीं छोड़ना चाहते।

इनका मानना है कि यह काम ही इनकी जिंदगी की नींव है। बगैर किसी परेशानी के चल रहे इन लोगों के काम में साल 2007-08 में बड़ी अड़चन आ खड़ी हुई। सेंट्रल रेलवे ने प्लेटफॉर्मों पर बूट पॉलिश स्टॉल के निजीकरण का फैसला किया। बूट पॉलिशवालों ने इसका विरोध किया। इसके बाद ये लोग हड़ताल पर चले गए। लोगों का सहयोग न मिलने और रेलवे बोर्ड में कोई पकड़ न हो पाने के कारण इनके विरोध को झटका भी लगा। उस वक्त 'आम आदमी पार्टी' के विचारक

योगेंद्र यादव इनकी मदद के लिए आगे आए। योगेंद्र ने बूट पॉलिशवालों का संगठन खड़ा करने में मदद की। संगठन ने अपने प्रतिनिधि चुने। इसका नतीजा 'बूट पॉलिश कामगार संघ समिति' के तौर पर निकला। यादव की मदद से इन लोगों ने 10 अलग-अलग यूनियन बनाईं। इसके बाद योगेंद्र इनको तत्कालीन रेल मंत्री लालू यादव के पास ले गए। दोनों पक्षों के बीच बातचीत का लंबा दौर चला। नतीजा यह निकला कि रेलवे ने निजी बूट पॉलिश स्टॉल लगाने की योजना को रद्द कर दिया। इस दौरान योगेंद्र ने बूट पॉलिश करनेवालों के लिए पॉलिसी का ड्राफ्ट भी तैयार किया। इसमें तय किया गया कि बूट पॉलिशवाले रेलवे को लाइसेंस फीस चुकाएँगे। इस फीस में हर साल छह फीसदी की बढ़ोतरी की जाएगी। इसके बाद सात महीने से चला आ रहा अनिश्चितता का दौर खत्म हुआ। बूट पॉलिशवालों की जिंदगी दोबारा पटरी पर लौट आई।

छह साल पहले योगेंद्र यादव द्वारा की गई मदद की एवज में अब इन लोगों ने तय किया है कि अगले चार महीनों, यानी लोकसभा चुनाव तक 12 घंटे की बजाय सिर्फ आठ घंटे ही काम करेंगे। बाकी के चार घंटे पार्टी के कामों के लिए देंगे। शुरुआती महीनों में ये लोग पार्टी के सदस्यता अभियान में मदद देंगे। फिर उसके बाद पार्टी के प्रचार में जुटेंगे। अहम बात यह है कि बूट पॉलिशवालों की मुंबई के रेलवे स्टेशनों के आस-पासवाले इलाकों में खासी पकड़ है। 'बूट पॉलिश कामगार संघ समिति' ने चर्चगेट और सीएसटी जैसे बड़े स्टेशनों पर अपना अभियान शुरू भी कर दिया है। यहाँ ये 'आम आदमी पार्टी' के प्रति लोगों को जागरूक करने का अभियान चला रहे हैं। इनका मानना है कि पार्टी ने महँगाई और भ्रष्टाचार को खत्म करने का वादा किया है। ये दोनों ही मुद्दे गरीबों को सबसे ज्यादा प्रभावित करते हैं। ऐसे में सिर्फ चार घंटे पार्टी को देना कोई बड़ी बात नहीं है। इस कॉलम का किसी राजनीतिक पार्टी से कोई लेना-देना नहीं है। हम सिर्फ इस उदाहरण से लोगों के नजरिए और उनकी चिंताओं की बात कर रहे हैं।

फंडा यह है कि इस कलयुग में भी अगर आप किसी की पूरी ईमानदारी से मदद करते हैं तो इसका फल आपको जरूर मिलता है।

□

अकेले आदमी की ताकत को भी समझिए

पहली कहानी—ओडिशा के भुवनेश्वर में निराकार मल्लिक 'लिफ्ट इरिगेशन कॉरपोरेशन' में निराकार मल्लिक ठेके पर काम करते हैं। वे यहाँ मोटर पंप ड्राइवर हैं, लेकिन वे एक चीज से व्यथित थे। नजदीकी केंद्रपाड़ा जिले के अलियाहा गाँव में लोग बाढ़ और तूफान जैसी प्राकृतिक विपदाओं से जूझ रहे हैं। अलियाहा निराकार का पैतृक गाँव है। सिंचाई विभाग में काम करते हुए उनको सिखाया गया था कि ऐसी समस्याओं का स्थायी समाधान है पानी स्रोतों के इर्द-गिर्द पौधे लगाए जाएँ। इससे मिट्टी का क्षरण रुकेगा और पानी को बेकार बहने से रोका जा सकेगा। निराकार दलित समुदाय से ताल्लुक रखते हैं। यह सन् 1992 की बात है। उस वक्त 52 साल के निराकार ने एक मिशन अपने हाथ में लिया। उन्होंने अलियाहा गाँव की खाली पड़ी सरकारी जमीन पर पौधे रोपना शुरू कर दिया। जब उन्होंने यह काम शुरू किया तो कई लोगों को लगा कि उन्हें कोई सनक चढ़ी है।

यह भी लगा कि शायद वे सरकारी जमीन पर कब्जा करना चाहते हैं। हालाँकि कुछ पढ़े-लिखे लोग उनकी मदद को भी आगे आए। ब्लॉक स्तर के स्थानीय अधिकारियों और वन विभाग के लोगों ने मदद की। निराकार को मुफ्त में पौधे उपलब्ध कराए। इसी बीच सन् 2001 में निराकार की नौकरी चली गई। सरकारी खर्चों में कटौती की मार उनकी नौकरी पर पड़ी, लेकिन तब तक वे पौधे, जो उन्होंने अपने गाँव की सरकारी जमीन पर रोपे थे, आधे पेड़ बन चुके थे। उन पेड़ों ने निराकार को फुरसत से नहीं बैठने दिया और आज उस पूरे इलाके में अच्छा-खासा जंगल तैयार हो चुका है। वह जमीन, जो बंजर सी दिखती थी, जिस पर पहले लोग कचरा डालते थे, अब हरी-भरी है। पेड़ पूरी ऊँचाई पा चुके हैं। प्रशासन भी इस जंगल को बचाए रखने की अब पूरी कोशिश कर रहा है, क्योंकि यह मिट्टी का कटाव रोक रहा है।

दूसरी कहानी—तीन साल पहले वह एक भिखारिन से मिला था। उस महिला को तब कुछ दवाइयों की जरूरत थी। उसने उस महिला की मदद की थी और अगले हफ्ते जब वह महिला उसको मिली तो उसे खूब दुआएँ दीं तथा उसे गले से लगा लिया। उससे कहने लगी, ''तुम मेरे बेटे की तरह हो। तुमने मुसीबत में मेरी मदद की।'' उसी दिन से रघु मकवाना ने तय कर लिया कि उस बूढ़ी माँ को वह कभी भूखा नहीं रहने देगा। रघु ने उसे और उसके पति को शुरू-शुरू में गेहूँ का आटा उपलब्ध कराना शुरू कर दिया और फिर धीरे-धीरे खाना ही देने लगा। कुछ दिन बाद हालत यह हो गई कि जब भी रघु उन लोगों के पास नहीं आ पाता? वे दोनों भूखे ही रह जाते।

इसलिए रघु ने रोज का काम बना लिया कि वह अपने गोद लिये माता-पिता के पास जरूर जाएगा। रघु जिस जगह काम करता था, वहाँ से भी उसे 10,000 रुपए की मदद मिली। इस बीच उसके गोद लिये हुए माता-पिता की तरह के कुछ और लोग उसकी ओर देखने लगे, मदद पाने के लिए। रघु ने भी किसी को निराश नहीं किया। धीरे-धीरे उन जरूरमंदों की संख्या बढ़ने लगी। इधर रघु को भी उसके इस काम में लोगों की मदद मिलने लगी। हालाँकि उसे यह पता नहीं होता था कि वह जरूरतमंदों के लिए अगले समय के भोजन का इंतजाम कैसे करेगा! लेकिन किसी-न-किसी तरह व्यवस्था हो जाती। और इस तरह तीन साल से चल रहा यह सिलसिला अब तक बदस्तूर जारी है। आस-पास के 18 लोगों को रघु दो जून का भोजन दे रहा है। रघु की एजेंसी के मालिक जयेश पटेल ने उसे एक दोपहिया वाहन दिया है, ताकि वह जरूरतमंदों तक समय पर भोजन पहुँचा सके। रघु को आज पूरे गुजरात से मदद मिल रही है। कुछ लोग तो सप्ताह में एक दिन उपवास रखकर भी उसे मदद दे रहे हैं।

फंडा यह है कि कई लोग कहते हैं, ''मैं अकेला क्या कर सकता हूँ?'' तो उन्हें बताइए कि अकेले वे पहाड़ हिला सकते हैं। जंगल खड़ा कर सकते हैं। सैकड़ों लोगों का पेट भर सकते हैं। बस इरादा होना चाहिए। अकेले-दुकेले से कोई फर्क नहीं पड़ता।

□

विकसित समाज में हर कोई जिम्मेदारी उठाता है

अहमदाबाद के 'एसएम पटेल इंस्टीट्यूट ऑफ कॉमर्स' और 'एमजी साइंस इंस्टीट्यूट', दोनों संस्थान के 5,000 स्टूडेंट्स व स्टाफ ने एक जनवरी 2014 से साइकिल या सार्वजनिक परिवहन के इस्तेमाल का फैसला किया है। दोनों संस्थान के पार्किंग एरिया बुधवार को खाली-खाली नजर आ रहे थे। इस कोशिश के जरिए इन संस्थानों के सदस्य आम लोगों को ट्रैफिक से जुड़े मसलों और ईंधन संरक्षण पर जागरूक करना चाहते हैं। उन्होंने एक मिसाल पेश करने की कोशिश की है और इसे पहले दिन से ही शहर में भारी समर्थन भी मिलता दिख रहा है। अभियान खत्म होने के बाद की योजना भी तैयार है। दोनों संस्थानों के सदस्यों ने तय किया है कि वे नियमित रूप से महीने में कम-से-कम एक या दो बार साइकिल से आया-जाया करेंगे। डेनमार्क की राजधानी कोपेनहेगन में तो हर रोज करीब 50 फीसदी स्थानीय आबादी साइकिल से ही आती-जाती है। खास बात यह है कि उन्हें यह सब करने के लिए किसी ने कहा नहीं है। नियम या कानून का भी उन पर दबाव नहीं है। वे स्वेच्छा से शहर को साफ-सुथरा और प्रदूषणमुक्त रखने के लिए यह कर रहे हैं। स्थानीय प्रशासन की मदद करना दूसरा मकसद है।

कोपेनहेगन दुनिया का वह शहर है, जहाँ साइकिल या बाइक के लिए 400 किलोमीटर का लंबा ट्रैक है। आप कह सकते हैं कि इसीलिए वहाँ के लोग अपने मन से साइकिल चला रहे हैं। आपका सवाल हो सकता है कि भारत में ऐसी सुविधा कहाँ है? लेकिन आप इतिहास में झाँकें तो देश के कई शहरों में जहाँ-

तहाँ साइकिल ट्रैक बनाए गए हैं। लोगों ने स्थानीय निकायों को मजबूर किया कि वे इस तरह के ट्रैक बनाएँ, लेकिन धीरे-धीरे ये गर्त में चले गए। क्यों? इसका जवाब यह है कि भारतीय अभी उस स्तर पर नहीं पहुँचे हैं, जहाँ वे आगे बढ़कर जिम्मेदारी उठा सकें।

समाज जैसे-जैसे विकसित होता है, लोग उसके विकास में अपना योगदान देने लगते हैं। खुद खड़े होकर समाज के हित में जिम्मेदारी उठाने लगते हैं, लेकिन हम भारतीय इसी जगह दुनिया के दूसरे देशों से पीछे हैं। हम में से कई लोग कार चलाते हुए पुलिस की नाकामी पर बड़ी-बड़ी बातें करते हैं, पुलिसवाले ट्रैफिक सिग्नल तोड़नेवालों पर काररवाई नहीं करते! सड़क पर आए दिन हो रहे एक्सीडेंट रोकने में पूरी तरह नाकाम हैं! और न जाने क्या-क्या उनके लिए कहते हैं, लेकिन कभी जब रेड सिग्नल तोड़ने पर खुद पकड़े जाते हैं, तब क्या होता है?

हम ट्रैफिक पुलिसवालों को धौंस दिखाते हैं। उनसे बहसबाजी करते हैं। ताकत का हर संभव प्रदर्शन करने की कोशिश करते हैं। यहाँ तक कि जिन ताकतवर लोगों को जानते हैं, उन्हें भी फोन घुमा देते हैं। कोशिश इस बात की होती है कि पुलिसवाले हमारा चालान न काट सकें। हमने जो गलती की है, उसे अनदेखा कर दिया जाए। आपको नहीं लगता कि ऊपर जिन संस्थानों का जिक्र है, उनके स्टूडेंट्स जब साइकिल पर निकले होंगे तो लोगों ने फब्तियाँ नहीं कसी होंगी? तेज रफ्तार कार या बाइक सवारों ने उन्हें परेशान करने की कोशिश नहीं की होगी? बिलकुल की होगी।

इसके बावजूद वे स्टूडेंट्स अपने फैसले से पीछे नहीं हटे। उन्हें अपना फर्ज अच्छी तरह पता था। वे जानते थे कि सिर्फ एक व्यक्ति के साथ कार चलाना किसी भी तरह से फायदे का सौदा नहीं है। हम में से कितने लोग हैं, जो रास्ते में पैदल चलनेवालों को पहले निकलने का मौका देते हैं? हम में कितने लोग दूसरे कार ड्राइवरों को खुद से पहले निकल जाने देते हैं? और कितने लोग हैं, जो ट्रैफिक सिग्नल पर पीली बत्ती देखते ही रुक जाते हैं? इन सवालों के जवाब चंद लोगों के पास भी नहीं होंगे। इसलिए क्योंकि अब भी हमारा समाज पूरी तरह विकसित नहीं है।

हमारे यहाँ लोग अब भी अपनी जिम्मेदारी महसूस नहीं करते। उसे उठाने की बात तो दूर की है। समाज में परिवर्तन की जिम्मेदारी। उसके विकास की जिम्मेदारी।

और यही वजह है कि कुछ चंद लोग, जो इस तरह के काम करते हैं, उन्हें अखबारों के पहले पन्ने पर जगह मिलती है। उनके कामों की सराहना होती है।

फंडा यह है कि हर व्यक्ति, जो व्यवस्था की खामियों को कोसता रहता है, उसे अपने भीतर झाँकने की जरूरत है। जिम्मेदारी महसूस करने और उसे उठाने की जरूरत है, ताकि लगे कि हम भी विकसित समाज के तौर पर स्थापित हो चुके हैं।

□

किसी की आखिरी इच्छा पूरी करें और फर्क देखें

कर्नाटक में बेंगलुरु से 452 किलोमीटर दूर एक गाँव है नारगुंडा। यहाँ के एक ट्रक ड्राइवर का बेटा अनवर रज्जाक छह साल का है। प्री-स्कूल में जाता है। एक दिन वह स्कूल से लौट रहा था तो उसने देखा कि कुछ पुलिसवाले बदमाश बच्चों को सड़क पर पीट रहे हैं। कुछ देर बाद वे उन लड़कों को अपने साथ पुलिस वैन में बिठाकर ले गए। उसी वक्त अनवर ने तय कर लिया कि उसे पुलिस में भरती होना है। खाकी वरदी और उसकी ताकत का तो वह पहले से दीवाना था। बड़े बच्चे जब उसे परेशान करते तो वह अकसर कहा करता था, ''मैं बड़ा होकर पुलिसवाला बनूँगा और तुम सबकी पिटाई करूँगा।'' आज उसकी इच्छा निश्चय में बदल रही थी, लेकिन वह यह तो जानता ही नहीं था कि उसकी किस्मत ने उसके लिए कुछ और लिख रखा है। एक साल तक सब ठीक चलता रहा, फिर अचानक उसे आए दिन उल्टियाँ होने लगीं। जो कुछ भी खाता, बाहर निकल जाता। स्थानीय डॉक्टरों ने उसका इलाज करने की कोशिश की, लेकिन सफलता नहीं मिली। जाँच में पता चला कि उसे ब्रेन ट्यूमर है। डॉक्टरों ने बताया था कि उसका ऑपरेशन करना होगा, जिसमें काफी जोखिम है। ऑपरेशन हुआ और ट्यूमर निकाल दिया गया, लेकिन उल्टियाँ बंद नहीं हुईं।

अनवर का परिवार उसके इलाज के लिए पिछले 10 महीने से बेंगलुरु में है। अनवर के तीन ऑपरेशन हो चुके हैं। कुल 25 रेडिएशन सेशन में से अब तक 11 हो चुके हैं, लेकिन तकलीफ के इस दौर के बीच उम्मीद की एक किरण! पिछले हफ्ते एक गैर-सरकारी संगठन के कुछ सदस्यों ने अनवर से मुलाकात की। उससे पूछा कि

वह बड़ा होकर क्या बनना चाहता है? अनवर ने तपाक से जवाब दिया, ''पुलिसवाला बनूँगा। बदमाशों की पिटाई करूँगा।'' उसकी नाक में ट्यूब फँसी हुई थी, इसलिए उसकी आवाज बहुत साफ नहीं सुनाई दे रही थी। फिर भी संगठन के सदस्य समझ गए। उससे बातचीत कर वे रवाना हो गए। इसी गुरुवार उस संगठन के सदस्य अस्पताल आए और प्रबंधन की इजाजत से अनवर को सुबह 11.30 बजे संजय नगर पुलिस स्टेशन ले गए। वहाँ पहुँचते ही उस बच्चे की आँखें चमक उठीं। अभी वह कुछ समझ पाता कि तभी छोटे साइज की खाकी वरदी उसके पास ले आई गई। साथ में एक खिलौनेवाली पिस्तौल भी थी। यह सब उस संगठन के सदस्यों ने दान किया था। थोड़ी ही देर में अनवर पुलिस की वरदी में नजर आया। उसकी जिंदगी की सबसे बड़ी ख्वाहिश पूरी हो रही थी। जो ख्वाब उसने देखा था, वह हकीकत बनकर उसके सामने था।

बच्चा इतना रोमांचित और खुश था कि पूरा थाना उसकी हर इच्छा पूरी करने को तैयार था। वह अपने बेल्ट में छोटी सी पिस्तौल और हाथ में डंडा लेकर पूरे थाने में घूम रहा था। पुलिसवालों को व्यवहार सुधारने की ताकीद कर रहा था। लॉकअप में बंद आरोपी भी यह सब देख रहे थे। तभी कुछ कैदियों ने उस बच्चे से कहा कि वह आए और उन्हें पीटे। उन्होंने सलाखों के बाहर अपनी हथेलियाँ भी आगे कर दीं। यह वह मौका था, जब थाने में मौजूद कोई भी शख्स अपने आँसू नहीं रोक पाया। यह पहला मौका था, जब उस गैर-सरकारी संगठन या पुलिस स्टेशन ने अनवर जैसे किसी बच्चे की मेजबानी की थी। सबकुछ संगठन ने तय किया था। थाने के इंचार्ज प्रभु शंकर कहते हैं, ''हम इस पूरी एक्सरसाइज में साथ दे रहे थे। बच्चा पुलिस इंस्पेक्टर की यूनीफॉर्म में ही जब एंबुलेंस से जा रहा था तो जाते-जाते भी हमें हिदायतें दे गया। उस वक्त हम सबके होठों पर जरूर मुसकराहट थी, लेकिन आँखें नम थीं। बच्चे की आखिरी इच्छा पूरी कर हम सबको लगा, जैसे हमने अपनी जिंदगी के कुछ पाप धो डाले हैं।''

फंडा यह है कि किसी की इच्छा पूरी कीजिए और देखिए कि आपके शरीर और दिमाग में किस तरह के परिवर्तन होते हैं तथा अगर इच्छा आखिरी हो तो फिर रिएक्शन और दमदार होते हैं।

□

बेहतरी की उम्मीद हमेशा कायम रखिए

रेबिका ऐखम और उनके साथ कुछ लोगों का एक छोटा सा समूह एक स्कूल में जुटा हुआ था। वे लोग चर्चा कर रहे थे कि उनके राज्य मणिपुर में फैली हिंसा पर काबू पाने के क्या तरीके हो सकते हैं! कुछ ही देर हुई थी कि उन्हें नजदीक ही कहीं गोलियाँ चलने की आवाजें सुनाई दीं। यही कोई 50 मीटर दूर तीन फायर हुए थे। वे लोग एकदम चुप हो गए। साँस थामे बैठे रहे, जब तक कि उन्हें यह यकीन नहीं हो गया कि उग्रवादी चले गए हैं। वे उसके बाद तुरंत उस जगह की तरफ दौड़े, जहाँ फायरिंग हुई थी। मौके पर पहुँचते ही उन्होंने देखा कि रेबिका के पति 27 वर्षीय बुद्धि मोइनरंथम मृत पड़े हैं। उग्रवादियों ने उन्हें उनकी कार वर्कशॉप से बाहर लाकर गोलियाँ मार दी थीं। उग्रवादियों को यह गलतफहमी हो गई थी कि मोइनरंथम सरकार के लिए काम कर रहे हैं। जिस गाँव में यह वारदात हुई, वहाँ के लिए हिंसा की ऐसी घटनाएँ नई नहीं थीं, लेकिन रेबिका की सहयोगी बीनालक्ष्मी ने पहली बार अपनी आँखों से ऐसी दुर्घटना देखी थी। रेबिका एक ही पल में विधवा हो चुकी थी। वह रेबिका की मदद करना चाहती थी। यह भी जानती थी कि इस दिशा में अगर उसे कुछ करना है तो स्टार्टिंग प्वॉइंट यही है।

भारत के पूर्वोत्तर में स्थित इस उग्रवाद प्रभावित राज्य मणिपुर में हजारों लोग अब तक हिंसा के शिकार हो चुके हैं और उनके पीछे रह गए लोग दुःख-दर्द और तकलीफ के। रेबिका भी उनमें शामिल हो चुकी थी, जिसे देख बीनालक्ष्मी के मन में इस तरह के लोगों की मदद करने का विचार जन्म ले चुका था। उसने कुछ पैसे जुटाने का एक अभियान चलाया। इसके जरिए 4,500 रुपए इकट्ठे कर रेबिका के लिए सिलाई मशीन खरीद दी। अब वह उन्हीं की तरह के और लोगों की मदद भी

करना चाहती थीं। इसके लिए उसे संगठित प्रयास की जरूरत महसूस हुई और 36 साल की बीनालक्ष्मी ने 'मणिपुर वूमैन गनसर्वाइवर नेटवर्क' (एमडब्लूजीएसएन) की स्थापना कर दी। यह संगठन उन महिलाओं की मदद के लिए बनाया गया, जिनके पति, पिता या घर के दूसरे सदस्य उग्रवादियों की गोली का शिकार हो चुके थे। रेबिका के पति की मौत के कुछ ही दिनों बाद दिसंबर 2004 में संगठन की शुरुआत 25 सदस्यों से हुई। तीन साल बाद 2007 में इस संगठन को परोपकारी संस्था के रूप में रजिस्टर किया गया। आज इसके 150 सदस्य हैं और यह करीब 1,000 हिंसा प्रभावित महिलाओं की मदद के लिए उन तक पहुँच चुका है। यह संगठन ऐसी महिलाओं को तुरंत मदद देता है। सबसे पहले उनके लिए रोजी-रोटी का प्रबंध किया जाता है। उनके बच्चों को शिक्षा मिले, इसका प्रबंध किया जाता है। फिर अगर उसे कानूनी मदद की जरूरत होती है, तो वह उपलब्ध कराई जाती है। न्याय और मुआवजा पाने के लिए आज भी राज्य में कई पीड़ित महिलाएँ ऐसी हैं, जो अपने लिए अपील नहीं कर सकतीं। लिहाजा यह संगठन उन्हें कानूनी लड़ाई में मदद करता है।

मणिपुर में उग्रवाद या अलगाववाद की समस्या भारत की आजादी के साथ सन् 1947 में ही शुरू हो गई थी। कुछ रिपोर्ट बताती हैं कि उग्रवादी हिंसा में राज्य में पिछले छह दशक में करीब 20,000 लोगों की जान जा चुकी है। इस हिंसा से प्रभावित लोगों की मदद में लगी बीनालक्ष्मी और उसके संगठन को कई अवॉर्ड भी मिल चुके हैं। इनमें 'हयूमैनिटेरियन इनीशिएटिव ऑफ द इयर अवॉर्ड-2010', 'सीन मैकब्राइड पीस प्राइज-2010', 'सीएनएन आईबीएन इंडियन ऑफ द इयर-2011' आदि प्रमुख हैं। जिन प्रभावितों को इस संगठन ने मदद दी है, उनमें आठ साल की हुइड्रॉम तान्या देवी का उल्लेख किया जा सकता है। उसके कराटे मास्टर पिता को उग्रवादियों ने मार दिया था। बीनालक्ष्मी को जब इस घटना के बारे में पता चला तो उसने अपने संगठन के जरिए तान्या की माँ को एक रिटेल स्टोर खोलने के लिए कर्ज दिया। इसी तरह सन् 2009 में मुमताज के पति को मार दिया गया। वे कॉलेज में पढ़ाते थे। अपने पीछे वे पाँच बच्चे छोड़ गए। बीनालक्ष्मी ने मुमताज को भी 8,000 रुपए का कर्ज दिया, ताकि वे किराना दुकान खोल सकें। आज ये दोनों और इनके तरह ही हजारों परिवार बीनालक्ष्मी और उसके संगठन से मिली मदद से बेहतर जिंदगी जी रहे हैं।

फंडा यह है कि आप अगर किसी की मदद करते हैं और उसकी जिंदगी को सुधार देते हैं तो आप वास्तव में एक उम्मीद पैदा करते हैं। एक यकीन भी कि एक-न-एक दिन बदलाव आएगा। चीजें हमारे हक में होंगी।

□

जरूरतमंदों को सिर्फ भोजन मत दीजिए, उन्हें पैरों पर खड़ा कीजिए

वह सिर्फ 10 साल का था। बिहार में अररिया जिले के छोटे से गाँव में रहता था। उसने एक दिन स्कूल का अटेंडेंस रजिस्टर फाड़ दिया। स्कूल से भागकर पैसे कमाने के लिए स्टेशन पर यात्रियों का सामान ढोने लगा। वह डरा और घबराया हुआ था। समझ नहीं आ रहा था कि क्या करे! यह भी नहीं जानता था कि गाँव कैसे लौटे? वैसे, वह लौटना भी नहीं चाहता था। उसे डर था कि इस बार उसे पिताजी फिर पीटेंगे। इस बार घर से भागने के कारण। इन्हीं हालातों में वह दो साल रहा—हर रोज डर के साए में जीता हुआ। कभी इस बात का डर कि पिताजी कहीं खोज न लें! घर वापस ले जाएँ और बुरा हाल करें। इस डर को जेहन से झटकता तो अपनी तरह के ही दूसरे बड़ी उम्र के लड़कों से डर लगता। वे अकसर उससे मार-पीट करते थे। वह जो पैसे कमाता, उन्हें भी छीन लेते।

उस रात कड़ाके की ठंड थी। उसे तेज बुखार भी आ रहा था। वह सोने के लिए कोई जगह तलाश रहा था। तभी उसे गैर-सरकारी संगठन 'प्रयास' के सदस्यों ने देख लिया। यह संगठन सड़कों पर आवारा घूमनेवाले इसी तरह के बच्चों के लिए काम करता है। उन्हें अपने संरक्षण में लेकर उनकी देख-रेख करता है। उन्हें सही दिशा देने की कोशिश करता है। दिल्ली के तुगलकाबाद इलाके में संगठन ने एक किशोर आश्रय स्थल बनाया हुआ है। उस बच्चे को वहीं रखा गया। पहले उसका इलाज कराया गया। फिर बेसिक शिक्षा और प्रशिक्षण, ताकि वह 'इंस्टीट्यूट ऑफ जुवेनाइल जस्टिस' की ओर से चलाए जा रहे मैनुअल प्रिंटिंग प्रेस में काम कर सके। आज उस बच्चे को घर से भागे हुए आठ साल हो चुके हैं। रोहित यादव अब

18 साल का हो गया है। दिल्ली के तुगलकाबाद इलाके में वह अपना छोटा सा प्रिंटिंग प्रेस चला रहा है। वहीं किराए के एक कमरे में रहता भी है।

'प्रयास' की शुरुआत सन् 1988 में हुई थी। उस वक्त पूर्वी दिल्ली के जहाँगीरपुरी क्षेत्र में झुग्गी-झोंपड़ियों में आग लगी थी। इनमें रहनेवाले बच्चे-बड़े सब बेघर हो गए। आग ने कई परिवारों को सड़क पर ला दिया। उस वक्त आमोद कंठ दिल्ली पुलिस के ज्वॉइंट कमिश्नर थे। घटना की जाँच का जिम्मा उन्हें सौंपा गया था। वे जब मौके पर पहुँचे तो तबाही का मंजर उनसे देखा नहीं गया। परेशान हाल बच्चों को देखकर तो उन्होंने उसी वक्त तय कर लिया कि वे उनकी और ऐसे ही दूसरे बच्चों की, जो मदद बन पड़ेगी, करेंगे। बस, यहीं से 'प्रयास' के बीज पड़ गए। बाद में इस संगठन ने दिल्ली पुलिस, 'दिल्ली स्कूल ऑफ सोशल वर्क' और भारत सरकार के मानव संसाधन विकास मंत्रालय के सहयोग व साझेदारी से आकार लिया। आज यह संगठन झुग्गी बस्तियों में और सड़कों पर आवारा घूमनेवाले बच्चों को बेसिक शिक्षा के साथ ही व्यावसायिक प्रशिक्षण भी देता है, ताकि वे अपने पैरों पर खड़े हो सकें और समाज की मुख्य धारा में शामिल हो सकें। संगठन के सदस्यों ने पूर्वी दिल्ली में ही एक कमरे से काम शुरू किया। पहली बार में करीब 25 बच्चों को बेसिक शिक्षा दी, ताकि वे स्कूल में भरती हो सकें। उन बच्चों ने अच्छा प्रदर्शन किया। इससे संगठन के लोगों को उम्मीद जगी और उन्होंने काम का दायरा बढ़ाने का फैसला कर लिया। आज 'प्रयास' के केंद्र दिल्ली, बिहार, गुजरात, असम, आंध्र प्रदेश, हरियाणा, झारखंड और सुनामी से प्रभावित हुए अंडमान-निकोबार तक हैं। यहाँ बच्चों को जरूरी शिक्षा के साथ सिलाई, कढ़ाई, टाइपिंग, स्क्रीन प्रिंटिंग, ऑटो रिपेयरिंग, मोमबत्ती बनाना और कंप्यूटर का शुरुआती प्रशिक्षण दिया जाता है। इन केंद्रों से निकले हजारों बच्चे अब तक रोहित की तरह ही समाज की मुख्य धारा में शामिल हो चुके हैं।

फंडा यह है कि गरीबों को तन ढकने के लिए कुछ कपड़े, पेट भरने के लिए थोड़ा सा खाना देने जैसी मदद कर देना बहुत आसान है, लेकिन उन्हें उनके पैरों पर खड़े होने लायक बना देना, उतना ही मुश्किल है। कोशिश इसी मुश्किल लक्ष्य को पाने की हो तो सर्वश्रेष्ठ होगा।

□

कचरे के पूर्ण प्रबंधन से पर्यावरण सुरक्षित होगा

हम भारतीय अब भी कागज की रद्दी के बारे में पूरी तरह सचेत नहीं हैं। हालाँकि सब जानते हैं कि कागज पेड़ों को काटने के बाद बनाया जाता है। इसके बावजूद हम कागज की बरबादी रोकने के लिए ज्यादा जागरूक नहीं हैं और अगर बात किसी शैक्षणिक संस्थान की हो, तो वहाँ कुछ ज्यादा ही कागज बरबाद होता है। कर्नाटक के 'मणिपाल इंस्टीट्यूट ऑफ टेक्नोलॉजी' के तीन स्टूडेंट-शशांक तुलस्यान, सिद्धार्थ भसीन और सुमन गर्ग भी इससे परिचित हैं। शशांक और सिद्धार्थ इंडस्ट्रियल प्रोडक्शन इंजीनियरिंग में और सुमन मैकेनिकल इंजीनियरिंग में चौथे साल के स्टूडेंट हैं। तीनों सिर्फ समस्या से परिचित हैं, ऐसा नहीं है। इन्होंने इसका हल निकालने की कोशिश भी की है। इन्होंने रद्दी कागज से पेपर, पेन, पेंसिल बनाना शुरू किया है। शशांक टीम के मुखिया हैं। सबसे पहले इन्होंने अपने कॉलेज कैंपस से ही रद्दी कागज इकट्ठा करना शुरू किया। शुरू-शुरू में इनसे पेपर बैग और पेन स्टैंड्स वगैरह बनाए। इस शुरुआती प्रक्रिया में उन्हें लगा कि इसके लिए किसी खास कौशल की जरूरत नहीं है। लिहाजा उनकी टीम उत्साहित नहीं थी।

निजी तौर पर शशांक तो निराश ही हो गए थे। वे कुछ नया करना चाहते थे। ऐसा, जो लोगों को ज्यादा अपील करे। उन्होंने रद्दी कागज के पूरे प्रबंधन के बारे में योजना बना डाली और इस योजना से निकली 'पेपर ट्री क्रिएशंस इंडिया प्राइवेट लिमिटेड'। इस साल अप्रैल में कंपनी रजिस्टर्ड हुई। शशांक इसके मुख्य कार्यकारी अधिकारी (सीईओ) और डायरेक्टर हैं, जबकि सिद्धार्थ और सुमन डायरेक्टर। कंपनी को 'मणिपाल यूनिवर्सिटी टेक्नोलॉजी इंक्यूबेटर' (एमयूटीबीटी) का संरक्षण मिला हुआ है। इसमें 21 कर्मचारी काम कर रहे हैं।

कंपनी की स्थापना के बाद इसके डायरेक्टर्स ने शिक्षा के क्षेत्र में काम कर रहे संस्थानों से संपर्क किया। इन संस्थानों से रद्दी कागज इकट्ठा करने का अभियान चलाया। उस रद्दी कागज से दोबारा कागज और पेन, पेंसिल बनाए गए। फिर उन्हीं संस्थानों को सप्लाई कर दिया, जहाँ से रद्दी जुटाई गई थी, वह भी रियायती दाम पर। 'पेपर ट्री' ने अभी अपने इस प्रोजेक्ट का शुरुआती चरण (पायलट प्रोजेक्ट) पूरा किया है, लेकिन नतीजे उत्साहजनक हैं। इसके ग्राहकों में 'मणिपाल इंस्टीट्यूट ऑफ टेक्नोलॉजी', 'मणिपाल स्कूल ऑफ आर्किटेक्चर ऐंड प्लानिंग' और 'डब्लूएलएस सॉल्यूशंस' शामिल हो चुके हैं। अगले छह महीनों में 21 कॉरपोरेट घरानों को इस लिस्ट में शामिल करने का लक्ष्य है। देश के अलग-अलग हिस्सों में कंपनी की फ्रेंचाइजी दी जाएँगी। भविष्य की योजनाओं में रंगीन कागज, पेंसिलें और पेन बनाना भी शामिल है।

यही नहीं, कंपनी देश भर में स्कूल, कॉलेजों से संपर्क भी करेगी, ताकि वे अपने यहाँ निकलनेवाला रद्दी कागज उसके पास भिजवा सकें। रद्दी कागज के बदले शिक्षण संस्थानों को कंपनी से बने हुए कागज, पेन और पेंसिल दिए जाएँगे। योजना के मुताबिक यह अभियान कर्नाटक, झारखंड, मध्य प्रदेश और पंजाब से शुरू हो सकता है। 'एमयूटीबीटी' के एक राष्ट्रीय स्तर के 'बिजनेस प्लान कंपीटिशन' में 'पेपर ट्री' को तीसरा स्थान मिला। इनाम के तौर पर दो लाख रुपए नकद दिए गए। एक अन्य राष्ट्रीय स्तर के ही 'ग्रीन बिजनेस प्लान कंपीटिशन' में कंपनी को पहला स्थान मिला। यह कंपनी दुनिया की उन 50 कंपनियों में भी शुमार हो चुकी है, जिन्हें शुरुआत में ही बड़े-बड़े इनाम मिल गए। 'पेपर ट्री' के बारे में सबसे खास बात यह है कि यह उसे काम का बना रही है, जिसे लोग बेकार समझकर फेंक देते हैं। कंपनी के उत्पाद पहुँच भी वहीं रहे हैं, जहाँ से रद्दी निकली थी। इस तरह कंपनी दोहरा काम कर रही है। एक तो कचरे को कम कर रही है, दूसरा उसे फिर इस्तेमाल लायक बना रही है। ये दोनों ही तरीके 'इको सिस्टम' (पारिस्थितिकी) में संतुलन बनाए रखने के लिए बेहद जरूरी हैं।

फंडा यह है कि 'ईको सिस्टम' तभी संतुलित रह सकता है, जब कचरे का पूरी तरह प्रबंधन हो। याद रखिए सिर्फ निस्तारण नहीं, प्रबंधन। इससे लोग पर्यावरण के मुद्दों पर जागरूक होंगे और उनसे जुड़ भी सकेंगे।

□

कचरे की समस्या बिजनेस का अवसर भी हो सकती है

वह दिन दूर नहीं, जब नगरपालिका या निगम आपके घर नोटिस भेज रहे होंगे। इसमें आपसे कारण पूछा जा रहा होगा कि आप गैर-कानूनी तौर पर गली के नुक्कड़ पर रखे गए कचरा पात्र को क्यों भरे जा रहे हैं? बताया गया होगा कि आपकी इस लापरवाही से यह कचरा पात्र ओवरफ्लो हो चुका है। साथ में यह भी पूछा गया होगा कि आपकी इस लापरवाही के कारण क्यों न आपको दंडित किया जाए? और हाँ, यह बिलकुल मत सोचिए कि नगरीय निकाय की ओर से यह नोटिस आपको यूँ ही भेज दिया जाएगा। इस नोटिस के साथ बाकायदा सबूत भी होगा। नोटिस भेजने से पहले तीन महीने तक आपके ट्रैकरिकॉर्ड को देखा जाएगा। पता किया जाएगा कि आप किस तरह कचरा का निपटारा करते हैं और कैसे नहीं! इस निगरानी की रिपोर्ट 'कारण बताओ नोटिस' के साथ अटैच की ज़ाएगी।

निश्चित तौर पर आपको यकीन नहीं हो रहा होगा, तो हम आपको बताते चलते हैं कि इस तरह का पायलट प्रोजेक्ट कर्नाटक की राजधानी बेंगलुरु के उपनगरीय इलाके, डोमलूर में शुरू भी हो चुका है, इसी महीने की 17 तारीख से। इस इलाके में रहनेवाले सभी लोगों को एक स्वैप कार्ड दिया गया है। इसकी कोई कीमत नहीं ली गई है। योजना के तहत जब भी लोग कचरा कलेक्शन वैन को अपने घर का कचरा देंगे, इस कार्ड को स्वैप करेंगे। इससे उनका रिकॉर्ड मेंटेन होगा। यही नहीं, उन लोगों का रिकॉर्ड भी इसके जरिए रखने में आसानी होगी, जो कचरा नहीं डालते, गलत जगह डालते हैं या फिर इस काम में लापरवाही बरतते हैं।

रहवासियों को दिए गए कार्ड इतने बढ़िया हैं कि उन्हें एक लाख बार तक

स्वैप किया जा सकता है। प्रोजेक्ट के लिए शुरुआत में 2,000 घरों की पहचान की गई है। दो कचरा कलेक्शन वैन इनमें से हर घर के सामने दिन में दो बार आती हैं। एक सुबह सात बजे, दूसरी दिन में 2.30 बजे। दो बार वैन भेजने का आग्रह इलाके की रहवासी कल्याण समितियों ने किया है। यहाँ एक-एक हजार मकानों पर इस तरह की दो समितियाँ हैं। कचरा कलेक्शन वैन (छोटे टिप्पर ट्रक) में जीपीआरएस भी लगाए गए हैं। इसके जरिए ट्रक दिन भर में कितना व कहाँ-कहाँ का इलाका कवर करता है, इसका रिकॉर्ड रखा जाता है।

टिप्परों पर वेब कैमरा और लाउडस्पीकर भी लगे हैं। लाउडस्पीकरों के जरिए वैन पहुँचने की सूचना रहवासियों को दी जाती है। जबकि वेब-कैमरों के जरिए पूरी प्रक्रिया का वीडियो बनाया जाता है। बाद में इस वीडियो को कचरा कलेक्शन ठेकेदार की वेबसाइट पर अपलोड किया जाता है, ताकि इसे आम जनता के साथ ही नगरीय निकाय के अफसर भी देख सकें और व्यवस्था को मॉनीटर कर सकें। इतना ही नहीं हर वैन में कचरा रखने के दो कंपार्टमेंट हैं। एक गीले और दूसरा सूखे कचरे के लिए। घरों से कचरा कलेक्शन के बाद टिप्परों से ही सीधे बड़े ट्रकों में कचरा उलट दिया जाता है। फिर आगे उस जगह जाता है, जहाँ बड़े पैमाने पर कचरे का निपटान होता है।

यह परियोजना एसएन बालासुब्रमण्यम के दिमाग की उपज है। वे पिछले 20 साल से नगरीय निकाय के लिए कचरा कलेक्शन का काम कर रहे हैं—बतौर ठेकेदार। इस योजना का पायलट प्रोजेक्ट अगर सफल रहता है और सभी काम निर्धारित योजना के अनुसार होते हैं तो आनेवाले दिनों में पूरा कचरा रोज ही निपटाया जा सकता है। नहीं तो दूसरा विकल्प यह रखा गया है कि सूखे कचरे को एक दिन छोड़कर और गीले कचरे का रोज निपटान किया जाए। पायलट प्रोजेक्ट का ट्रायल सफल रहा है और दो अक्तूबर से इसे अधिकृत रूप से शुरू कर दिया जाएगा। महात्मा गांधी के जन्मदिवस के दिन से।

दुनिया जानती है कि महात्मा गांधी साफ-सफाई को कितना पसंद करते थे। वे कभी अपनी टेबल पर कागज का एक टुकड़ा तक नहीं पड़ा रहने देते थे। अपने आश्रम की साफ-सफाई भी वे खुद ही करते थे। इसके जरिए वे अपने समर्थकों को संदेश देते थे, "साफ-सफाई पर ध्यान दें।" शायद यही सोचकर बेंगलुरु नगर निगम के अधिकारियों ने नए प्रोजेक्ट की शुरुआत के लिए बापू के जन्मदिवस को

चुना है। यह प्रोजेक्ट कितना सफल होता है, कितना नहीं, आनेवाले कुछ हफ्तों में पता चल जाएगा, लेकिन इससे अपेक्षाएँ बहुत हैं। कचरे के निपटारे की समस्या इतनी बड़ी हो चुकी है कि सिर्फ बेंगलुरु ही नहीं, बल्कि देश के सभी नगरीय निकायों के लिए यह हाईटेक परियोजना मिसाल हो सकती है। बशर्ते, यह सफल हो जाए।

फंडा यह है कि कचरे को इकट्ठा करना और उसे निपटाना सिर्फ प्रशासन की समस्या और उन्हीं की चिंता का विषय नहीं है बल्कि यह हमारे लिए बिजनेस का अवसर भी हो सकता है। इस अवसर के बारे में विचार करते हुए इस साधारण से आँकड़े को ध्यान में रखें, धरती पर करीब सात अरब लोगों की आबादी है और हममें से हर व्यक्ति रोज 900 से 1400 ग्राम तक कचरे का उत्पादन करता है।

□

हमारे बनाए किले से मजबूत उसकी नींव होती है

रविवार को देश के दो प्रमुख चैनलों पर आमिर खान का सीरियल 'सत्यमेव जयते' प्रसारित होता है। जिस वक्त यह सीरियल चल रहा होता है, आमिर देश भर से मिली प्रतिक्रियाओं का आकलन करने में लगे रहते हैं। उनकी पत्नी किरण भी व्यस्त रहती हैं, लेकिन वे क्या करती हैं! पिछले हफ्ते की ही बात है। इस सीरियल में कचरा प्रबंधन का मुद्दा उठाया जा रहा था।

कचरे को कैसे निपटाया जाए, इस पर चर्चा चल रही थी, लेकिन किरण 'कश्यप ग्रुप' से ऑर्गेनिक फूड की खरीदारी करने में लगी थीं। 'कश्यप ग्रुप' 350 किसानों का समूह है। ये सभी वे लोग हैं, जो सिर्फ जैविक कृषि उत्पादों को उगाने और उन्हें इस्तेमाल करने पर यकीन रखते हैं। किरण भी इनसे ऑनलाइन प्लेटफॉर्म पर अपने परिवार के लिए 'कैमिकल-फ्री फूड' खरीद रही थीं।

'कश्यप ग्रुप' के संजय पवार व साडू भाऊ शेलके ऑनलाइन संडे बाजार लगाते हैं। यहाँ वे ऑर्गेनिक उत्पादों से जुड़े ऑर्डर लेते हैं। एक और शख्सियत हैं, जयवंत पाटिल। सिर्फ 27 साल के हैं। पुणे की एक अग्रणी टेक्नोलॉजी कंपनी में काम करते हैं, लेकिन सप्ताह में सिर्फ चार दिन। बाकी तीन दिन वे अपने ऑर्गेनिक फार्म हाउस पर काम करते हैं। पुणे से करीब 85 किलोमीटर दूर उनका 2.5 एकड़ का फार्म हाउस है। जयवंत के साथ 12 किसानों का समूह है। ये सभी लोग ऑर्गेनिक खेती तो करते ही हैं, कीटनाशक और खाद भी इसी तरह से बनाते हैं—गोबर, गोमूत्र और पत्तियों के इस्तेमाल से।

सचिन तहमाने 25 साल के हैं। बिजनेस मैनेजमेंट से ग्रेजुएट हैं, लेकिन ऑर्गेनिक खेती के लिए जुनूनी हैं। इसके लिए वे कई बड़ी कंपनियों से मिले नौकरी के कई

ऑफर ठुकरा चुके हैं। आशीष शिंदे अमरावती के हैं। वे भी महानगरों में ऑर्गेनिक फूड के अग्रणी सप्लायरों में गिने जाते हैं। 'यस बैंक' की एक ताजा रिपोर्ट में बताया गया है कि भारत में ऑर्गेनिक खेती का कारोबार 20 फीसदी की रफ्तार से बढ़ रहा है। युवाओं में इस तरफ खासा रुझान है।

इसके दो कारण हैं। पहला—वे जहरीली खाद्य पदार्थ (रासायनिक खाद के जरिए उगाए गए) अब और इस्तेमाल नहीं करना चाहते। दूसरा—वे इस किस्म की खाने-पीने की चीजें बाजार में बेचना भी नहीं चाहते। ऑर्गेनिक फूड के प्रति किस हद तक जागरूकता आ रही है, उसका उदाहरण है—महाराष्ट्र का नासिक। इस जिले के दो तालुका ऐसे हैं, जहाँ सन् 2006 में 230 खेतों में ऑर्गेनिक खेती होती थी, जबकि सन् 2013 तक ऐसे खेतों की संख्या 1,000 हो चुकी थी, यानी लगभग चार गुना से ज्यादा की बढ़त।

सिर्फ यह बढ़त काबिलेगौर नहीं है। देखने लायक बात यह भी है कि ऑर्गेनिक खेती करनेवाले किसान कोई आम नहीं हैं। इनमें से ज्यादातर पोस्ट ग्रेजुएट हैं। कई तो आईआईटी से पढ़े हुए स्पेशलिस्ट हैं, लेकिन ये लोग खुद सीधे खेतों में उतर गए और आज अच्छी-खासी कमाई कर रहे हैं। इसकी एक और खास बात है। वह यह कि देश भर में ज्यादातर ऑर्गेनिक खेती सरकारी मदद के बिना हो रही है और इस तरह के उत्पादों के खरीदार समाज के समृद्ध वर्गों के लोग हैं। आमिर खान और किरण राव की तरह के।

ऑर्गेनिक खेती के मामले में भारत का दुनिया में 10वाँ स्थान है। बावजूद इसके कि यहाँ सिर्फ पाँच लाख हेक्टेयर जमीन पर ही ऑर्गेनिक खेती होती है और कुल उत्पादन भी महज 10.34 लाख टन के आस-पास ही है। वैसे देश में करीब 50.21 लाख हेक्टेयर जमीन पर ऑर्गेनिक खेती के लिए सर्टिफिकेशन जारी हो चुका है, लेकिन इसमें से 45 लाख हेक्टेयर से ज्यादा जमीन पर अब तक यह काम नहीं हो रहा है, यानी हमारे लिए अपनी जड़ों की तरफ लौटने की पर्याप्त गुंजाइश है।

फंडा यह है कि अपनी नींव की तरफ, जड़ों की तरफ लौटिए। हम आधुनिक दौर में अपने लिए जो महल खड़ा करते हैं, उससे ज्यादा मजबूत उसकी नींव होती है। यह हमें अतीत और भविष्य से जोड़ती भी है।

□

खेती-बाड़ी को है आधुनिक मैनेजमेंट तकनीकों की जरूरत

नरेंद्र पवार पुणे के पुरंदर तालुका से आते हैं। यह इलाका बारामती संसदीय क्षेत्र में है। यहाँ कई दशकों से शरद पवार या फिर उनके परिवार में से ही कोई चुना जाता रहा है। इलाके में लोगों की आजीविका का साधन खेती-बाड़ी है। इसलिए राजनीति करनेवाले लोग हों या फिर नरेंद्र जैसे मैनेजमेंट के स्टूडेंट, खेती हर किसी की रगों में दौड़ती है। नरेंद्र को पता है कि उनके दादाजी सन् 1971 में जितनी प्याज 100 रुपए में खरीदते थे, उतनी अब 5,466.66 रुपए में मिलती है। बाकी सब्जियों के दामों में भी आए परिवर्तन को नरेंद्र बखूबी जानते हैं। उनकी शिक्षा ने उन्हें सिखाया है कि इस बदलाव की दो वजहें हैं। पहली—रुपए का कमजोर होना और दूसरी—हर स्तर पर मौजूद बिचौलिए। इससे उत्पादों की कीमतें तो बढ़ीं, लेकिन किसानों का बटुआ खाली ही रहा। किसान सन् 1971 की तुलना में और ज्यादा गरीब होते गए। इसने नरेंद्र के सोचने का नजरिया बदल दिया। उन्होंने कॉरपोरेट जॉब करने को तवज्जो नहीं दी।

नरेंद्र ने अपनी तरह सोचनेवाले चार दोस्तों को साथ लिया और एमबीए की पढ़ाई पूरी होते ही 'साप्ताहिक मॉडर्न सब्जी मंडी' शुरू करने की योजना बना डाली। साप्ताहिक हाट की तरह का एक नया प्रयोग। इस प्रयोग में शामिल चार अन्य लड़कों के नाम हैं—ऋतुराज जाधव, तुषार अग्रवाल, राजेश माने और उमेश भोसले। ये पाँचों दोस्त अभी 20 से 30 के बीच की उम्र के हैं। इन लोगों ने ऐसा बाजार ढूँढ़ा, जो सबसे ज्यादा चलता हो। तलाश के दौरान कोठरूड का बाजार चुना और यहाँ से बिजनेस शुरू करने का फैसला किया तथा साप्ताहिक हाट शुरू कर

दी। कम दरों पर सब्जियाँ उपलब्ध कराने के साथ ही बिचौलियों को दूर रखा। किसानों को सीधे ग्राहकों से जोड़ा। इससे मुनाफे का बड़ा हिस्सा किसानों की जेब में जाने लगा। हालाँकि शुरुआत में बहुत दिक्कतें आईं।

सबसे बड़ी दिक्कत किसानों को राजी करना, जो जल्द ही मान गए। फिर अपने कंसेप्ट की अच्छी मार्केटिंग के लिए बिजनेस स्कूल के स्टूडेंट्स की सेवाएँ भी लीं। ऑपरेशन मार्केटिंग, बिजनेस डेवलपमेंट, प्राइसिंग पॉलिसी, अकाउंटिंग आदि कंसेप्ट रियल टाइम बेसिस पर लागू किए। विज्ञापन के लिए पैंफ्लेट और बैनर्स छपवाए गए। पाँचों दोस्तों ने अपने लिए भी भूमिकाएँ तय कर लीं। जैसे एक ने सब्जियों की कीमतों का अध्ययन किया। दूसरे ने अध्ययन के निष्कर्षों के आधार खेतों से आ रही फसल की कीमतें फिक्स कीं। यह सबसे चुनौती भरा काम था। सब्जी बेचनेवालों और सुपरमार्केट की तुलना में कीमतें कम रखना सबसे बड़ी चुनौती थी।

अब जबकि प्रोजेक्ट शुरू हो चुका है, तो यह इससे जुड़े लोगों के लिए हर तरह से फायदेवाला साबित हो रहा है। हाट के दिन यहाँ से 1,000 किलो तक सब्जी बेच दी जाती है। करीब 8,000 लोग आते हैं और टर्नओवर 10 लाख तक पहुँच जाता है। यहाँ से किसानों को मुनाफा ज्यादा हो रहा है, इसलिए सरकार ने उन्हें वाहन खरीदने में मदद की पेशकश कर दी है। 'महाराष्ट्र राज्य एग्रीकल्चर मार्केटिंग बोर्ड' इसके लिए कुछ योजनाएँ लेकर आगे आया है। असल में सरकार खुद भी सफलता की इस कहानी में भागीदार होना चाहती है। नरेंद्र और उनके साथी अब पुणे के अन्य हिस्सों में भी इसी तरह की 'साप्ताहिक हाट' शुरू करने की योजना बना रहे हैं, ताकि ज्यादा-से-ज्यादा किसानों की मदद की जा सके।

फंडा यह है कि खेती-बाड़ी इस धरती का सबसे पुराना बिजनेस है, लेकिन इसे आधुनिक मैनेजमेंट की तकनीकों की सबसे ज्यादा जरूरत है। जो लोग यह समझ पाते हैं, उन्हें उम्मीद से ज्यादा तरक्की मिलती है।

□

जीवन चक्र में खुशी सिर्फ एक हिस्सा है

जन्म के बाद से करीब 22 साल तक वह अनाथालय में रही। माता-पिता को ढूँढ़ने की खूब कोशिश की, लेकिन कोई सफलता नहीं मिली। थक-हारकर उसने तलाश रोक दी। जिंदगी में नया रास्ता ढूँढ़ लिया। हेलन ने पैरामेडिकल सदस्य के तौर पर नौकरी कर ली और फिर अनाथालय में ही पले-बढ़े 24 साल के लड़के एलुमलाई से शादी कर ली। आज हेलन को एक 18 महीने की बेटी भी है। रूबी नाम है उसका।

रूबी जब हेलन को 'अम्मा' बुलाने की कोशिश करती! तो उसकी आँखों में आँसू आ जाते हैं। आखिर वह खुद कभी किसी को 'अम्मा' नहीं बुला सकी थी! इसकी टीस उसकी आँखों से छलक आती थी। हेलन की कहानी बॉलीवुड की किसी मसाला फिल्म की तरह है। तमिलनाडु के मदुरै जिले के उसीलमपट्टी से शुरू होती है यह कहानी। हेलन उस वक्त पेट में ही थी कि पिता ने उसे मार डालने की सोच ली।

इसलिए नहीं कि वे बेटी के खिलाफ थे, बल्कि वे एक और बच्चे को खिलाने-पालने की स्थिति में नहीं थे। हेलन उनकी सातवीं संतान थी, तब हेलन का एक भाई कुमार आठ साल का था। उसने हेलन के जन्म के वक्त पिता को किसी से बातचीत करते सुन लिया। शायद वे दोनों लोग बच्ची को मारने की योजना पर चर्चा कर रहे थे। वह लड़का भागा-भागा गया और अपने स्कूल के प्रिंसिपल को पूरी बात बता दी।

स्कूल के प्रिंसिपल ईसाई मिशनरी के फादर भी थे। उन्होंने उस नवजात बच्ची को अनाथालय में भेजने का फैसला किया। बच्चे ने उन्हें क्या-कुछ बताया

है, इसकी जानकारी उन्होंने गोपनीय रखी। उन्हें लगा कि किसी को कुछ बताया तो कन्फ्यूजन ज्यादा हो जाएगा। लिहाजा, उन्होंने अपने कार्यकर्ताओं को भेजकर उस बच्ची को मिशनरी द्वारा संचालित अनाथालय में भिजवा दिया। इसके बाद वह वहीं पलने लगी।

कुछ समय बाद उसे दूसरे अनाथालय में भेज दिया गया, फिर तीसरे और चौथे। इस चौथे अनाथालय का नाम है 'लिटिल ड्रॉप्स'। चेन्नई के नजदीक स्थित इस अनाथालय में ही उसे जीवन का साथी एलुमलाई मिला और नौकरी भी, लेकिन यहाँ हेलन का भाई कुमार बहन की यादों को भुला नहीं पा रहा था। इसीलिए जैसे ही पिता का निधन हुआ, वह उन फादर के पास जा पहुँचा, जिन्हें उसने बहन के बारे में बताया था।

वहाँ से पता करते हुए कुमार ने हेलन के बारे में काफी जानकारी जुटा ली। इसी बीच जी टी.वी. के तमिल चैनल पर एक रियलिटी शो 'सॉल्वथेलम उन्मई' चल रहा था। हिंदी में इसके शीर्षक का मतलब है, 'जो हम कहते हैं, सच होता है'। कुमार ने चैनल और कार्यक्रम के संचालकों से संपर्क किया, क्योंकि इस कार्यक्रम के जरिए कई बिछड़े लोगों को मिलवाया गया था। कुमार भी बहन को परिवार से मिलाना चाहता था। इसलिए उसने कार्यक्रम के संचालकों से संपर्क किया था। उसकी बात को चैनलवालों ने भी सुना। मदद भी की। पिछले महीने के आखिर में कार्यक्रम के संचालकों ने 'लिटिल ड्रॉप्स' अनाथालय के डायरेक्टर ईजे पॉल से संपर्क किया, ताकि हेलन के बारे में पुख्ता जानकारी हासिल की जा सके। हालाँकि खुद हेलन को इस बारे में कुछ पता नहीं था। जब पूरी जानकारी पुख्ता हो गई तो हेलन को चैनल के स्टूडियो में बुलाया गया।

पूरे कार्यक्रम का लाइव प्रसारण होना था। स्टूडियो में हेलन की माँ, कुमार और उससे छोटे भाई-बहन, कुमार की पत्नी और दो बच्चे भी मौजूद थे। कार्यक्रम के एंकर ने हेलन से पूछा कि अगर उसे उसकी माँ से मिलवा दिया जाए तो उसे कैसा लगेगा? इस पर हेलन ने कोई जज्बाती प्रतिक्रिया नहीं दी, बल्कि वह तो नाखुश लग रही थी। शायद माँ से नाराज थी, लेकिन एंकर ने हेलन के सामने उसकी माँ को ला खड़ा किया। पहले तो हेलन को भरोसा नहीं हुआ, लेकिन थोड़ी देर की बात के बाद जब उसका भरोसा जमने लगा तो उसने माँ के सामने सवालों की झड़ी लगा दी कि आखिर क्यों पैदा होते ही उसने उसे छोड़ दिया? अपने साथ क्यों नहीं रखा? अब तक उसे ढूँढ़ने

की कोशिश क्यों नहीं की? आदि। वह रोए जा रही थी। कार्यक्रम में मौजूद दर्शकों की आँखों में भी आँसू थे। हालाँकि तमाम सवाल-जवाब का अंत खुशनुमा हुआ। हेलन अपनी माँ की बाँहों में समा गई। अपने 10 सदस्योंवाले परिवार की 11वीं सदस्य के तौर पर भी उसका हिस्सा हो गई।

फंडा यह है कि जिंदगी मुश्किल हो सकती है। कभी-कभी क्रूर भी, लेकिन वह खुशियाँ भी दे जाती है। जीवन-चक्र में यह सब शामिल है।

□

विज्ञापनों को कंज्यूमर, लाइफ को आसान और ज्ञानवर्धक बनाना चाहिए

नए शब्दों को गढ़ना—'डोंट बी चुट्स्पा', यानी 'दुस्साहसी मत बनो'। मैंने ये शब्द तब सुने, जब मैं सड़क पार कर रहा था। मैं रुका और सोचने लगा कि क्या मैंने ये शब्द कभी सुने हैं? इससे पहले कि मैं अपनी शब्दकोश क्षमता को खँगालता, वह लड़की मेरी आँखों से ओझल हो गई, जिसने ये शब्द बोले थे। मैं घर लौटा तो देखा कि मेरी बेटी किसी से फोन पर कह रही थी, 'नो चट्जपा विद मी'।

मैंने बेटी से पूछा कि इसका मतलब क्या है, तो उसने विशाल भारद्वाज की फिल्म 'हैदर' का जिक्र किया। पाकिस्तान इस फिल्म में दिखाए गए भारतीय सेना के अत्याचार को लेकर कश्मीर मुद्दे पर उतावला हो रहा है। इस फिल्म में हीरो 'हैदर' इस शब्द को लेकर मजाक करता है। वह 'चट्जपा' को 'चुट्स्पा' बोलता है। इस शब्द का उपयोग वह आफ्स्पा (आर्म्ड फोर्सेज स्पेशल पावर ऐक्ट) के लिए करता है। इस कानून की वजह से आतंक प्रभावित इलाकों में भारतीय सेना किसी भी तरह की कानूनी प्रक्रिया से बच जाती है।

मैं आश्चर्यचकित था, नए शब्द की ताकत देखकर। दो दिनों में ही यह शब्द नई जेनरेशन की जुबान पर चढ़ गया था। मतलब यह है कि कठिन शब्द भी उपयोग में लाया जाता है, अगर वह आपके ज्ञान को बढ़ाए।

संचार को पूरा करके बंद करना चाहिए। यह सप्ताहांत बेहद लंबा था। इसलिए मैं परिवार के साथ महाराष्ट्र के सुदूर इलाकों में निकल पड़ा। पूरे रास्ते एफएम चैनल राजनीतिक दलों के प्रचार में लगे थे।

कांग्रेस अपने प्रचार में कह रही है कि 'कांग्रेस ला वोट द्या', यानी 'कांग्रेस

को वोट दें'। भाजपा इस मामले में एक कदम और आगे बढ़ गई। उसके कैंपेन में आखिरी शब्द ये होते हैं, 'कमल चा बटन दबावा, आणि भाजपा ला बहुमत द्या', यानी 'कमल का बदन दबाएँ और भाजपा को बहुमत दिलाएँ'।

हम लोग रास्ते में एक सुदूर गाँव में रुके। यहाँ भी दोनों प्रचार चल रहे थे। इस गाँव में कुछ ऐसे लोगों का समूह भी था, जिन्होंने कभी वोट नहीं डाला। ये युवा थे। इन्होंने दोनों प्रचारों को रेडियो या पब्लिक मीटिंग में सुना था।

उनके लिए भाजपा का प्रचार यह बता रहा था कि आपको आगे क्या करना है, जबकि कांग्रेस का प्रचार ऐसा कुछ नहीं कर रहा था। मैं इतना समझ गया कि भाजपा का प्रचार अपने चुनाव निशान के बारे में बता रहा है, जबकि कांग्रेस ऐसा नहीं कर रहा है, यानी कि लोग जितनी बार भी कांग्रेस का नाम सुनते थे, उन्हें उसके चुनाव निशान पंजे को याद करने के लिए दिमाग पर जोर डालना पड़ता था।

विज्ञापनों में कीमत की स्पष्टता, हाल ही में चेतन भगत की नई पुस्तक 'हाफ गर्लफ्रेंड' बाजार में 176 रुपए में आई। कोई भी पुस्तक विक्रेता यह नहीं समझा पाया कि इसकी कीमत 175 या 180 रुपए क्यों नहीं रखी गई? जबकि कुछ वेबसाइट्स इसे ऑफर के तहत 149 रु. और 99 रु. में दे रहे हैं!

यह इसलिए किया गया, क्योंकि जब कोई उत्पाद 175 रु., 150 रु. या 100 रु. में बेचा जाता है, जो विक्रेता कीमत को दोबारा नहीं बोलता। वह एक बार बोलता है, पौने दो सौ, डेढ़ सौ या सौ। मानव दिमाग इसे तुरंत समझ लेता है। उपभोक्ता दुविधा में नहीं पड़ता। यही कारण है कि एंटरप्रन्योर कभी भी 'मिडलमैन' (पुस्तक विक्रेता) को संचार (विज्ञापन) में सीधे तौर पर हस्तक्षेप नहीं करने देता। वह भी तब, जब 'मिडलमैन' अपना प्राइस टैग लगाकर उपभोक्ता को पुस्तक बेच सकता है।

फंडा यह है कि कोई भी विज्ञापन या कैंपेन इतना सरल होना चाहिए कि वह आसानी से कंज्यूमर के दिमाग में पैठ बना ले। वह उसके दिमाग पर जोर डाले। इससे वह तत्काल किए गए संचार और उससे संबंधित ज्ञान को ग्रहण कर सके। साथ ही ब्रांड की मौजूदगी का एहसास कर सके।

□

मोबाइल, इंटरनेट, सोशल नेटवर्किंग की भूमिका होगी अहम्

बिजनेस—'पैपरफ्राई', 'फर्स्टक्राई', 'कैरेटलेन' और 'फैबफर्निश' जैसी कंपनियों के बीच एक चीज आम है। इन सभी के प्रोडक्ट की रेंज 10,000 से शुरू होती है और 1,00,000 रुपए तक जाती है। ये कंपनियाँ फरनीचर, ज्वैलरी, फर्निशिंग और चाइल्ड प्रोडक्ट बेचती हैं। 'फर्स्टक्राई' बेबी प्रोडक्ट की एक्सपर्ट है। इसके पूरे देश में 70 आउटलेट हैं, लेकिन इसके अलावा बाकी तीनों कंपनियों के देश में चार-चार आउटलेट भी नहीं हैं। इसके बावजूद इनके प्रोडक्ट की रेंज इतनी ज्यादा है। आखिर कैसे? दरअसल ये सभी कंपनियाँ अपने प्रोडक्ट सोशल नेटवर्किंग साइट के जरिए बेचती हैं। और लोग रियल एस्टेट में इन्वेस्ट करके भी जितना नहीं कमा पाते, उससे ज्यादा ये इस जरिए से कमा लेती हैं। 'फैबफर्निश' फर्निशिंग स्टोर है। इसके आउटलेट पर रोज 100 लोग ही पहुँचते हैं। जबकि इसकी वेबसाइट पर रोज 1,50,000 लोग जाते हैं। ये उस किस्म के प्रोडक्ट हैं, जहाँ उन्हें छूकर देखना और महसूस करना काफी मायने रखता है। इससे उस प्रोडक्ट की असल कीमत का पता चल पाता है।

इसके बावजूद लोग आजकल इन प्रोडक्ट को भी ऑनलाइन खरीदना ही पसंद करने लगे हैं। ऐसे ही 'कैरेटलेन' ज्वैलरी स्टोर है और 'लेंसकार्ट' के पास चश्मों की वैरायटी है। इसके आउटलेट पर 4,000 फ्रेम ही मिलेंगे लेकिन ऑनलाइन स्टोर पर 70,000 तक विकल्प हैं। ऑनलाइन स्टोर पर मार्जिन ज्यादा होता है। इसी वजह से कंपनियाँ डिस्काउंट भी अच्छा दे देती हैं। हालाँकि इसके बाद भी यह माना जाता है कि भारत में ऑनलाइन बिजनेस 10 फीसदी से ज्यादा नहीं हो सकता।

अगर ऐसा है भी, तो भारत जैसे बड़े बाजार में 10 फीसदी की यह हिस्सेदारी

अच्छी-खासी ही कही जाएगी। एक उदाहरण फरनीचर मार्केट का। भारत में यह करीब 20 अरब डॉलर का है। रुपए में 1,22,970 करोड़ का। अब इसका 10 फीसदी लगा लीजिए। क्या उसे आप कम कहेंगे?

पॉलिटिक्स—मयंक बड़ी ही अस्त-व्यस्त शक्ल-सूरतवाले हैं। कई-कई दिन तक दाढ़ी नहीं बनाते। शर्ट की एक बाँह फोल्ड तो दूसरी नीचे लटकी हुई। कई जेबों वाला पैंट, जिसमें कागज और कलम बेतरतीबी से ठूँसे हुए होते हैं। हमेशा अपनी दुनिया में खोए हुए। दूर से देखो तो लगे जैसे कवि या चिंतक हों! थोड़ी-थोड़ी देर में सिगरेट पीने की तलब लगती है। इसलिए वे ऑफिस से बाहर जाते रहते हैं, लेकिन उन्हें कोई नहीं रोकता। शिवसेना की युवा शाखा के मुखिया आदित्य ठाकरे भी नहीं।

जी हाँ, मयंक शिवसेना के लिए काम कर रहे हैं। साइबर एक्सपर्ट हैं। पार्टी के कंप्यूटर टर्मिनल पर उनके जैसे कई युवाओं की फौज है। ये सोशल मीडिया पर वीडियो, फोटो, कंटेंट, कमेंट, नेताओं के भाषण आदि पोस्ट करते हैं। शिवसेना की ओर से जवाब देते हैं। पार्टी प्रमुख उद्धव ठाकरे के लिए आए मेल देखने और उनकी तरफ से जवाब देने का काम भी ये ही करते हैं। साइट भी लगातार अपडेट करते हैं। दादर, मुंबई में 'सेना भवन' के पूरे पाँचवें फ्लोर पर इन लोगों ने डेरा डाल रखा है।

इस युवा टीम ने शिवसेना के लिए ट्विटर पर जो अकाउंट बनाया है, उसका हैसटैग है, 'उठा महाराष्ट्र'। इसके दो मतलब हैं। पहला, 'उठो महाराष्ट्र' और दूसरा, 'उद्धव ठाकरे महाराष्ट्र'। इस तरह के कई रचनात्मक प्रयोग ये कर रहे हैं। इन्होंने 'ऑनलाइन सिटीजन चार्टर' भी बनाया है। इस पर आम लोग सुझाव दे सकते हैं और इन सुझावों में जो उपयोगी होंगे, उन्हें पार्टी अपने घोषणा-पत्र में शामिल करेगी। दिल्ली के विधानसभा चुनाव में 'आम आदमी पार्टी' भी ऐसा ही प्रयोग कर चुकी है।

फंडा यह है कि आपको पसंद हो या हो। राजनीति से लेकर बिजनेस तक सोशल नेटवर्किंग, इंटरनेट, मोबाइल आदि बड़ा रोल अदा करनेवाले हैं, यानी इसे नजरअंदाज करना समझदारी नहीं होगी।

□

आइडिया वही सफल, जो आदत बन जाए

अपने देश के ज्यादातर शहरों में रेलवे स्टेशन के आस-पास कोई न कोई सड़क महात्मा गांधी के नाम से जरूर है। उन शहरों में इस सड़क पर 'बाटा' का शोरूम भी जरूर होता था। बहुत से तो अब भी होंगे। यहाँ 'मॉल कल्चर' के बावजूद आज भी इस ब्रांड के जूते बेचे जा रहे हैं। रेलवे स्टेशन के आस-पास 'बाटा' का शोरूम खोलने का आइडिया कंपनी के प्रबंधन को काफी पहले आया। तब काफी अध्ययन के बाद पता चला कि भारतीय तभी नए जूते-चप्पल खरीदते हैं, जब कहीं जा रहे होते हैं। इस तरह जूते खरीदने-बेचने का सिलसिला शुरू हुआ, जो आदत बन गया।

इस गांधी जयंती पर भी ऐसा ही एक सिलसिला शुरू होने जा रहा है। बेंगलुरु की ही बात करते हैं। यहाँ कई कंपनियों के प्रमुख, स्टूडेंट्स और आईटी या फार्मा सेक्टर में काम कर रहे नौजवान एक साथ आए हैं। करीब 600 लोगों के जुटने की संभावना है। इससे ज्यादा भी हो सकते हैं। ये सभी दो अक्तूबर को 'क्लीन इंडिया कैंपेन, में हिस्सा लेंगे। हाथ में झाड़ू लिये 'महात्मा गांधी रोड' की सफाई करते नजर आएँगे। देशवासियों से महात्मा गांधी को इस तरह श्रद्धांजलि देने का आह्वान प्रधानमंत्री नरेंद्र मोदी ने किया है। वे खुद दिल्ली से इस अभियान की शुरुआत करेंगे।

बेंगलुरु में इस अभियान के लिए जुटनेवाले लोग सिर्फ सड़कों की सफाई नहीं करेंगे, बल्कि फुटपाथों की रिपेयरिंग भी करेंगे। उन पर बेंच लगाएँगे। सार्वजनिक स्थलों पर यूरिनल बनाएँगे, जहाँ टूटे-फूटे हैं, उन्हें दुरुस्त करेंगे। इन युवाओं ने एक फेसबुक पेज भी शुरू किया है। इसका कैप्शन है, 'एडॉप्ट माइल क्लीन अप ड्राइव', यानी 'एक मील इलाके की सफाई अभियान' का जिम्मा अपने हाथ में लीजिए। इस पेज पर अब तक जबरदस्त रिस्पॉन्स मिल रहा है। साइट के मुताबिक, अभियान के

पीछे मेन आइडिया यह है कि हर छोटी-बड़ी बात पर सरकार से शिकायत न करें।

इसकी बजाय बेहतर यह है कि आस-पड़ोस की सफाई को खुद अपने हाथ में लें। अपनी जिम्मेदारी समझें। गांधीजी खुद इसी तरह के अभियान में यकीन रखते थे। 'वर्ल्ड बैंक' के मुताबिक, धरती पर रोज एक व्यक्ति करीब 1.5 किलोग्राम कचरा फेंकता है। यहाँ तक कि जिस रिहाइश में ज्यादा समृद्ध लोग रहते हैं, वहाँ ज्यादा कचरा निकलता है और एक बात अमीर-गरीब सब में आम है, वह यह कि हमें कचरेदान में कचरा डालने की आदत नहीं है, जबकि ऐसा हो तो कचरा इकट्ठा करनेवालों को इलाके की साफ-सफाई व्यवस्था दुरुस्त रखने में मदद मिल जाती है।

देश में ज्यादा पर्यटक आएँ, इसलिए पिछले साल केंद्रीय पर्यटन मंत्री के. चिरंजीवी ने ऐसी ही पहल की थी। उन्होंने आगरा में ताजमहल से पर्यटन केंद्रों की सफाई का अभियान शुरू किया था। इसके तहत सरकारी क्षेत्र की कंपनी 'ओएनजीसी' ने ताजमहल को गोद लिया था, यानी उसने वहाँ साफ-सफाई की जिम्मेदारी अपने ऊपर ली थी। इसी तरह जून 2012 में 'भारतीय पर्यटन विकास निगम' ने दिल्ली में कुतुब मीनार की स्वच्छता बनाए रखने का जिम्मा लिया था। सही मायने में 'क्लीन इंडिया कैंपेन' की शुरुआत वहीं से हुई, जो अब बड़ा आकार ले रही है।

फंडा यह है कि कोई आइडिया कहीं से भी शुरू हो सकता है, लेकिन उसकी सफलता इस पर निर्भर करती है कि उस पर तब तक काम होता रहे, जब तक वह आदत न बन जाए।

□

अच्छे मैनेजमेंट को तुरंत प्रतिक्रिया देकर फैसले लेनेवाला होना चाहिए

मुसीबत में फँसी किसी जिंदगी को बचाने के लिए 15 मिनट बहुत बड़ा वक्त होता है। अगर संबंधित संस्था इन 15 मिनट के अंदर किसी जिंदगी को बचा नहीं पाती है तो इसका सीधा मतलब है कि उस संस्था के मैनेजमेंट में जबरदस्त खामियाँ हैं। इसे दिल्ली के चिड़ियाघर में हुई घटना से समझा जा सकता है।

'किलर विजय'—सात साल का बाघ 'विजय', जिसने युवक को मारा। 'विजय' जंगल नहीं, चिड़ियाघर में पैदा हुआ। उसने कभी शिकार करना नहीं सीखा। वह गरमियों में रोज 10 किलो और सर्दियों में 12 किलो मांस खाता है। घटना से ठीक पहले 'विजय' भोजन कर चुका था। उसकी आदत है कि वह अपने भोजन को धीरे-धीरे खाता है। वहीं जंगल में रहनेवाले बाघ शिकार के लिए औसतन 27 बार कोशिश करते हैं। यही वजह है कि जब मकसूद उसके बाड़े में गिर गया तो वह 15 मिनट तक उसे देखता रहा। वे 15 मिनट उसे बचाने के लिए काफी थे।

शिकार बना शख्स—मकसूद को दर्दनाक मौत के लिए आसानी से जिम्मेदार ठहरा सकते हैं, क्योंकि वह मानसिक तौर पर अस्वस्थ था। इसके बावजूद चिड़ियाघर गया। वह लोहे के बैरिकेड फंदे और बाड़े की बाउंड्री से झुककर देखने लगा और पत्थर भी मारे। हालाँकि यह पूरे देश में एक कॉमन नजारा है। चिड़ियाघर या ऐसी ही किसी जगह पर समझदार लोगों को भी ऐसा करते देख सकते हैं। जो हुआ, वह एक दुर्घटना थी। ऐसा करनेवाला कोई भी इनसान, चाहे वह मानसिक रूप से अस्वस्थ हो या सामान्य, मकसूद की तरह बाउंड्री से नीचे गिर सकता है, क्योंकि आमतौर पर इनके किनारे बेहद फिसलन भरे होते हैं।

मौके पर मौजूद लोग—संकट के वक्त क्या किया जाए, इसके लिए किसी भी भारतीय को ट्रेनिंग नहीं दी जाती। ऐसे में लोगों पर यह आरोप मढ़ देना कि उनके शोर मचाने और पत्थर फेंकने से बाघ ने मकसूद पर हमला किया, एक कमजोर बहाना है। जब हमें इस तरह की घटनाओं से निपटना सिखाया ही नहीं जाता तो हम क्या करेंगे? एक भीड़ की शक्ल में ही पुराने तौर-तरीके अपनाएँगे। चाहे बाढ़ आए, मकान ढह जाए या फिर भूकंप आए।

चिड़ियाघर प्रशासन—15 मिनट में जू प्रशासन मकसूद को बचाने के लिए काफी कुछ कर सकता था। पहला, बाड़े के बाहर गार्ड मौजूद रहता तो वह मकसूद को रोक सकता था। जब घटना हो ही गई थी, तब जू के कर्मचारी बाघ का ध्यान बँटा सकते थे। उसे पानी की बौछारों से दूर भगा सकते थे या फिर बेहोशी का इंजेक्शन दे सकते थे, जैसा कि विदेशों में होता है। अलार्म लगी रस्सीवाली सीढ़ियों की मदद से मकसूद को बाहर निकाला जा सकता था, लेकिन वह गोल्डन 15 मिनट गँवाने के बाद जू प्रशासन एकजुट हुआ।

घटना जो सबक दे गई—सुरक्षित चिड़ियाघरों के लिए लोगों को जानवरों की इज्जत करना सीखना होगा। चिड़ियाघर प्रशासन को भी सुनिश्चित करना चाहिए कि वहाँ पत्थर और लकड़ियाँ रहें। इसके अलावा कर्मचारियों का हमेशा चौकन्ना रहना और समय-समय पर लोगों को 'लाइफ सेविंग ट्रेनिंग' देना भी जरूरी है।

फंडा यह है कि किसी भी परिस्थिति में तुरंत फैसले लेना और जल्द प्रतिक्रिया देना, अच्छे मैनेजमेंट की पहचान और एक हॉलमार्क बन जाता है।

□

अच्छाई का न कोई रंग होता है, न कोई कीमत

भारत में विदेशी की कहानी—बेंगलुरु में 16 जुलाई, 2013 को एक विदेशी ने महात्मा गांधी रोड से ऑटो पकड़ा। ऑटोवाले ने उसे फ्रेजर टाउन छोड़ा और वापस गया। जैसे ही उसकी नजर पिछली सीट पर गई, देखा कि विदेशी बैग भूल गया है। उसमें आईपैड, कलाई घड़ी, क्रेडिट कार्ड व नकदी थी। ऑटो ड्राइवर एचडी वेंकटेशन ने एक मिनट भी नहीं लगाया और वह बैग तुरंत ट्रैफिक पुलिस कांस्टेबल को सौंप दिया। प्रीपेड ऑटो स्टैंड के उस कांस्टेबल ने बैग पुलिस स्टेशन में जमा करा दिया। वहाँ इंस्पेक्टर उदय भास्कर ड्यूटी पर थे। उन्होंने देखा कि आईपैड लो-बैटरी की वजह से बंद पड़ा था। लिहाजा उन्होंने शिकायत दर्ज कराए जाने का इंतजार करना ठीक समझा। इस बीच सभी पुलिस स्टेशनों में उस बैग के संबंध में मैसेज करा दिया, लेकिन तीन दिन तक उन्हें कहीं से कोई जवाब नहीं मिला, तब उदय भास्कर ने आईपैड को चार्ज किया, ताकि उससे बैग के मालिक का कॉन्टेक्ट डिटेल हासिल कर सकें। उन्होंने उसमें ब्रायन कर्टिस नाम के व्यक्ति का मेल आईडी देखा तो तुरंत उस पर एक मेल भेज दिया।

अमेरिका के कैलीफोर्निया में ओसनसाइड के रहनेवाले हैं कर्टिस। इंस्पेक्टर उदय भास्कर ने मेल में लिखा, ''एक बैग और आईपैड मिला है। मुझे 09480801122 पर कॉल करें।'' कर्टिस ने भी तुरंत मेल से जवाब भेजा, ''शुक्रिया, लेकिन मैं तो बेंगलुरु छोड़ चुका हूँ। कृपया आप उसे 5550, शिंकोटीग कोर्ट, ओसनसाइड, कैलीफोर्निया, 92057, अमरीका के पते पर भेज दें।'' इंस्पेक्टर उदय को कुरियर से बैग भेजना सुरक्षित नहीं लगा। उन्होंने कर्टिस से लोकल कॉन्टेक्ट माँगा। कर्टिस ने

जवाब दिया, ''मैंने पूरा सामान बेंगलुरु के स्थानीय एनजीओ 'यू ऐंड आई' को दान करने का फैसला किया है। आप क्रेडिट कार्ड नष्ट कर दें। आईपैड रीसैट कर दें। नकदी एनजीओ को दे दें।'' इंस्पेक्टर उदय ने यही किया। यह सब करना इंस्पेक्टर की ड्यूटी में शामिल नहीं था, लेकिन उन्होंने ईमानदारी और शिद्दत से काम किया। इससे कर्टिस को उनकी अच्छाई का अहसास हुआ।

विदेश में भारतीय की कहानी—जुबिन शर्मा न्यूयॉर्क, अमरीका में रहते हैं। उनकी माँ अमरीकी हैं, पिता भारतीय। पिछले साल उन्होंने पेनसिल्वेनिया यूनिवर्सिटी से ग्रेजुएशन किया है। पॉलिटिकल इकोनॉमी, सोशल इंटरप्रेन्योरशिप और बिल्डिंग कम्युनिटी उनके विषय थे। पहली बार वे 17 साल की उम्र में भारत आए थे।

उनके दादा-दादी लखनऊ में रहते हैं और एक स्कूल चलाते हैं। जुबिन बिहार भी घूमने गए। वहाँ जाते ही उन्हें बिहार से प्यार हो गया, क्योंकि इस प्रदेश में उनके लिए करने को बहुत कुछ था। पढ़ाई पूरी होते ही वे यहाँ गए। गाँवों में उन्होंने कई स्तरों पर बैठकें कीं। उन्हें पता चला कि ऐसे कई मुद्दे हैं, जो स्थानीय लोगों के जीवन पर बुरे प्रभाव डाल रहे हैं—जैसे कचरे की समस्या, स्वास्थ्य सुविधाएँ और शिक्षा की गुणवत्ता आदि। उनके दिमाग में कई आइडिया आए। उन्होंने एक-एक कर उन्हें लागू करना शुरू कर दिया। पहले 'आँगनबाड़ी सपोर्ट प्रोग्राम' लागू किया, फिर 'रीडिंग प्रोग्राम फॉर क्लास-3, 4, 5' और 'मदर लिटरेसी प्रोग्राम'। इन सभी कार्यक्रमों का मकसद था—गाँवों का समुचित और हर क्षेत्र में विकास। किशनगंज में उन्होंने एक एनजीओ की स्थापना कर दी। इसका नाम है—'सीखो'। उन्होंने कुछ समय बाद एक और एनजीओ रजिस्टर कराया। इसका नाम है—'प्रोजेक्ट पोटेंशियल'। इस एनजीओ के तहत गाँव में मौजूद संसाधनों से विकास के काम कराए जा रहे हैं।

फंडा यह है कि अच्छाई के कामों का कोई रंग नहीं होता। इस गुण की कोई कीमत भी नहीं लगा सकता; क्योंकि यह बेशकीमती है। जैसे-जैसे हम इस गुण को अपने आप में बढ़ाते जाएँगे, रहने के लिए दुनिया बेहतर होती जाएगी।

□

केवल धन कमाने से ही जीवन कामयाब नहीं होता

कुछ दशक पहले दुनिया के आठ सबसे बड़े अमीरों की कुल संपत्ति उस समय अमरीकी सरकार की कुल संपत्ति से ज्यादा थी। वे सब अमरीकी थे। इसमें कोई संदेह नहीं कि ये लोग पैसे कमाने और संपत्ति जमा करने का तरीका जानते थे, लेकिन कुछ जाने-माने अमीरों के जीवन पर नजर दौड़ाने से एक नई तसवीर सामने आती है।

चार्ल्स 'वाब कॉरपोरेशन ब्रोकरेज' फार्म के संस्थापक और सीईओ के नेतृत्व में 'बेथेलहेम स्टील' दूसरी सबसे बड़ी स्टील कंपनी बनी और केवल 35 साल की उम्र में वे 'कार्नेगी स्टील कंपनी' के प्रेसीडेंट बन गए, लेकिन मृत्यु के समय वे दिवालिया हो चुके थे और मौत के पाँच वर्ष पहले से ही उन्हें अपनी जिंदगी उधार के पैसों पर गुजारनी पड़ी। 25 जुलाई, 2012 को अमरीका की सबसे बड़ी गैस कंपनी के प्रेसीडेंट होवार्ड हब्सन की मौत हुई, तो उनके पास एक पैसा नहीं था। वे दिमागी असंतुलन के शिकार हो गए और मृत्यु से पहले उनका जीवन मानसिक रोग अस्पताल में बीता।

'न्यूयॉर्क स्टॉक एक्सचेंज' के अध्यक्ष रिचर्ड व्हिटनी को जेल भेजा गया था। उन्होंने ब्लू चिप कंपनियों के कम शेयर खरीदे, लेकिन इस्पात कंपनियों के शेयर बड़ी संख्या में खरीदे। उन्होंने कुछ बैंक कर्मियों की मदद से 'वॉल स्ट्रीट' में बड़ी गिरावट को रोकने के लिए ऐसा किया। तीन साल और चार महीने जेल में बिताने के बाद रिचर्ड को अगस्त 1941 में पैरोल पर रिहा किया गया। उन्हें शेयर बाजार में किसी भी तरह की गतिविधि से आजीवन प्रतिबंधित कर दिया गया था और 1974

में मृत्यु से पहले वे न्यू जर्सी में गुमनाम जिंदगी जी रहे थे। इससे पहले वे एक डेयरी फार्म में मैनेजर थे।

आर्थर कटन सबसे बड़े कमॉडिटी ट्रेडर्स में से एक थे, लेकिन मरने से ठीक पहले उन्हें भी दिवालिया घोषित कर दिया गया था। राष्ट्रपति की कैबिनेट के सदस्य रहे अलबर्ट हॉल को जेल की सजा से माफी मिलने के बाद घर भेजा गया और उनकी भी गुमनामी में मौत हुई। 'वॉल स्ट्रीट' के सबसे बड़े शेयर दलाल जेसी लिवरमोर ने आत्महत्या कर ली थी।

'हार्वर्ड बिजनेस स्कूल' ने हाल ही में इन लोगों के जीवन के बारे में विस्तृत अध्ययन किया और यह पता करने की कोशिश की कि इतने अमीर होने के बावजूद वे ढंग की जिंदगी क्यों नहीं जी सके? पैसा अपने आप में कोई बुरी चीज नहीं है। यह भूखों को भोजन देता है, बीमार को दवा देता है और जरूरतमंदों को कपड़े देता है। पैसा लेन-देन का एक माध्यम भर है। अध्ययन का यह नतीजा निकला कि ये सारे लोग अपने पेशेवर जीवन में मशगूल रहे। हो सकता है, उन्होंने अपने परिवार की उपेक्षा भले न की हो, लेकिन वे अपने स्वास्थ्य, आध्यात्मिक जीवन और सामाजिक जिम्मेदारियों की ओर ध्यान नहीं दे सके। इसका यह भी निष्कर्ष निकला कि दुनिया में दो तरह की शिक्षा की जरूरत होती है—एक, हम जीवनयापन कैसे करें, इसके बारे में बताती है और दूसरी, जीवन जीने का तरीका सिखाती है।

फंडा यह है कि बिना पानी के जहाज नहीं तैर सकता, लेकिन वही पानी जहाज के अंदर चला जाए तो समस्या होती है। जो जहाज के जीवन का माध्यम था, उसे उसके विनाश का जरिया नहीं बनना चाहिए। हम ऐसे दौर में जी रहे हैं, जहाँ पैसे कमाना अनिवार्य है, लेकिन अपनी कमाई को दिल से नहीं लगाना चाहिए। अमीरी का मतलब ज्यादा कमाना, ज्यादा खर्च करना या ज्यादा बचत करना नहीं है, बल्कि इसका तात्पर्य अपनी पसंद का जीवन जीने से है। हमें धन की वास्तविकता को समझना चाहिए।

□

बड़े फैसलों की कुंजी है आपका अवलोकन

कहानी 1—फिल्म 'धूम तीन' इस साल 'चेन्नई एक्सप्रेस' जैसी कई फिल्मों को रिकॉर्ड के मामले में तेजी से पीछे छोड़ रही है। लेकिन इस फिल्म से पटना की पुलिस खासी चिंतित है। पुलिस का मानना है कि नए साल के जश्न में उनका पाला आमिर खान स्टाइल के कई नौजवानों से पड़ेगा। जो फिल्म में आमिर द्वारा किए बाइक स्टंट से प्रभावित होकर शहर की सड़कों पर अपनी बाइकें भी उसी अंदाज में दौड़ाएँगे। इससे वे अपने साथ-साथ दूसरे लोगों के लिए भी खतरे पैदा करेंगे। इसके लिए आमिर और 'धूम तीन' को दोष दिया जा सकता है। लेकिन आमिर खान खुद यह नहीं चाहते कि युवा फिल्म में किए स्टंट सीनों को सड़कों पर दोहराएँ। इस स्थिति को देखते हुए पटना पुलिस ने ऐसे नौजवानों को पकड़ने के लिए तैयारियाँ की हुई हैं। पटना की प्रमुख सड़कों पर आपको हर एक से दो किलोमीटर की दूरी पर पुलिसकर्मी मौजूद मिलेंगे। यह पुलिसकर्मी 'एंटी रैश ड्राइविंग सेल' के सदस्य हैं। अगर कोई अंधाधुंध बाइक चलाते हुए पकड़ा जाता है तो उसकी बाइक जब्त कर ली जाएगी और जनवरी के दूसरे हफ्ते में उसे बाइक लौटाई जाएगी। दरअसल नए साल की पूर्व संध्या के मौके पर ज्यादातर लोग मौज-मस्ती में शराब पीकर गाड़ी चलाते हैं। सर्द मौसम में छाई घने कोहरे की चादर इस दौरान दुघर्टनाओं के खतरों को और बढ़ा देती है। लिहाजा पटना पुलिस ने तय किया है कि जिसकी भी बाइक पकड़ी जाएगी, उसे नए साल के जश्न का खुमार पूरी तरह उतरने के बाद ही लौटाया जाएगा।

कहानी 2—बेंगलुरु की एक फैक्टरी पर मौजूद मंजूनाथ ने देखा कि सफेद रंग की एक निजी बस उनके गेट के सामने आकर रुक गई। लेकिन तीन मिनट बीतने के बावजूद कोई यात्री बस से नहीं उतरा। मंजूनाथ को संदेह हुआ। वे धीरे

धीरे फैक्टरी गेट की तरफ बढ़े। वहाँ पहुँचकर उन्हें बस के अंदर से आ रही हल्की चीखें सुनाई दीं। उन्होंने आग बुझानेवाला सिलेंडर उठाया और बस की तरफ दौड़े। मशक्कत के बाद उन्होंने जैसे ही बस का दरवाजा खोला, आग की लपटें बाहर आईं। बस में 40 यात्री थे, धुएँ की वजह से जिनका दम घुटने लगा था। गारमेंट फैक्टरी में बतौर मेंटीनेंस सहायक काम करनेवाले 24 वर्षीय मंजूनाथ ने सिर्फ तीन मिनट में अकेले ही यात्रियों की जान बचा ली। अगर थोड़ी सी देर हो गई होती तो हाल ही में हैदराबाद जा रही वोल्वो बस की तरह यह बस भी आग की चपेट में आ गई होती।

कहानी 3—भारत की ग्रामीण आबादी ज्यादातर ऐसे गाँवों में रहती है, जिनकी कुल आबादी दो से 10 हजार की है। देश की आधी ग्रामीण आबादी महज एक लाख बीस हजार गाँवों में सिमटी हुई है। बाकी बची आधी आबादी चार लाख अस्सी हजार गाँवों में रहती है। ये आँकड़े जनगणना-2011 के हैं। इसमें देश के ग्रामीण इलाकों की स्थिति का ब्योरा दिया गया है। कुल 6,40,930 गाँवों में से 5,97,483 गाँवों में ही आबादी रहती है। 43,447 गाँव वीरान हैं। वर्ष 2001 से 2011 के बीच 2000 से कम आबादीवाले गाँवों की संख्या 46 फीसदी से गिरकर 41 फीसदी रह गई है। वहीं बीती दो जनगणनाओं में ऐसे गाँव, जिनकी आबादी 10 हजार से ज्यादा है, उनकी हिस्सेदारी 8.55 फीसदी से थोड़ा बढ़कर 8.68 फीसदी हो गई है। बीते दशक में ऐसे गाँवों की संख्या 670 तक बढ़ी है। उत्तर प्रदेश में 10 हजार से ज्यादा आबादीवाले सबसे ज्यादा गाँव हैं। दूसरे स्थान पर केरल है। एचडीएफसी जैसे दो निजी बैंकों ने यहाँ तेजी से अपने कदम बढ़ाए हैं। ये यहाँ होम लोन दे रहे हैं। ये बैंक इन गाँवों में उम्मीद से ज्यादा बिजनेस भी कर रहे हैं।

फंडा यह है कि आप बड़े और प्रभावी निर्णय तभी ले सकते हैं, जब आप में चीजों और स्थितियों पर गौर करने की या अवलोकन की गहरी क्षमता हो।

□

प्रभाव पैदा करने के लिए जरूरी है तार्किक बुद्धि

हममें से कई लोगों के लिए क्रिसमस का मतलब होता है—सांता क्लॉज। लाल कपड़ों और झक सफेद दाढ़ी-मूँछवाला एक आदमी। शहरों में करीब-करीब हर मॉल पर क्रिसमस के दिन सांता क्लॉज नजर आ जाता है। लोगों, खासकर बच्चों से हाथ मिलाते हुए, उन्हें टॉफियाँ देते हुए। नई दिल्ली एयरपोर्ट के टर्मिनल-3 पर मैं कल एक व्यक्ति से मिला। उसने सांता क्लॉज की ड्रेस पहनी हुई थी।

उसके इर्द-गिर्द कई युवा यात्री खड़े थे। इससे पहले कि यात्री अपनी-अपनी फ्लाइट के लिए रवाना होते, वह सांता सभी को टॉफियाँ, अन्य गिफ्ट और शुभकामनाएँ दे रहा था। तभी भीड़ में से एक बच्चे ने सांता से पूछा, 'तुम्हारा घर कहाँ है?' सांता बने उस व्यक्ति ने जवाब दिया, 'दरियागंज।' जवाब सुनते ही वहाँ खड़े कई बच्चे हँस पड़े। कुछ ने सिर्फ सिर हिलाया। मैं भी उस वक्त वहीं था। मैंने पेशकश की, क्या वे लोग असल सांता का घर जानना चाहते हैं, तो सभी ने 'हाँ' में सिर हिला दिया। उस व्यक्ति ने भी, जो सांता बना हुआ था। बल्कि उन्हें इस पेशकश से थोड़ा अचरज हुआ, क्योंकि उन्हें इस तरह की उम्मीद नहीं थी। मैंने बताया कि सांता का घर फिनलैंड के उत्तरी छोर पर स्थित सबसे बड़े प्रांत लैपलैंड की राजधानी रोवनीमी में माना जाता है।

मैंने आगे बताया कि उत्तरी आर्कटिक क्षेत्र के इस बर्फीले क्षेत्र में सांता क्लॉज का गाँव है। इस मौसम में पूरे गाँव में झिलमिल लाइटें जगमगाती रहती हैं। 'स्लेज' (बारहसिंहा गाड़ी) की सवारी का भरपूर मौका मिलता है। अगर आपको कभी इस जगह की सैर का मौका मिले तो आप देख सकते हैं कि वहाँ क्रिसमस के दौरान फादर क्रिसमस कितने व्यस्त हैं। उनके साथ छोटी-छोटी परियाँ भी हैं। वे सब दुनिया भर

से आए पत्रों का जवाब देने में लगे हैं। यहाँ हर साल करीब 6,50,000 तक चिट्ठियाँ पहुँचती हैं। अब वहाँ मौजूद लोग मुझसे कुछ और सवाल करने के उत्सुक दिखे।

इस वक्त मैंने थोड़ी समझदारी दिखाई। मैंने उन्हीं सवालों का जवाब देना बेहतर समझा, जिनके जवाब मुझे अच्छी तरह पता थे। कई लोग जानना चाहते थे कि क्रिसमस और न्यू इयर के मौके पर दुनिया में खरीदारी के लिए सबसे अच्छी जगहें कौन सी हैं, मैंने बताया कि डेनमार्क में कोपेनहेगन। इसे 'खरीदारी की जन्नत' कहा जाता है। यहाँ बाजार यूरोप के सबसे पुराने मनोरंजन पार्क 'तिवोली गार्डन' में लगता है। इस जगह की खासियत है—'स्ट्रोगेट', यानी पैदल चलनेवालों के लिए खरीदारी की जगह। यूरोप में यह सबसे लंबी शॉपिंग स्ट्रीट है। पर्यटकों में लोकप्रिय भी। इस पूरी सड़क के इर्द-गिर्द डेनमार्क के लजीज व्यंजनों की भी दुकानें हैं। पास में ही झील के किनारे ओपन-एयर थिएटर में कंसर्ट का लुत्फ भी लिया जा सकता है, खासकर बैले डांस का। इस जगह के नजदीक ही ख्यात लेखक हैंस क्रिश्चियन ऐंडरसन का ठिकाना है। इसे 'एनवाई हैवन' कहते हैं। 'क्राइस्टकिंडल मार्केट' (जर्मन में इसे 'क्रिसमस मार्केट' कहते हैं।) भी घूमा जा सकता है।

यहाँ सांता और परियों की यादगार निशानियाँ मिलती हैं। यह बाजार जर्मनी के न्यूरेमबर्ग में स्थित है, पुराने शहर के बीचोबीच। इस बाजार में हर साल करीब 30 लाख सैलानी आते हैं। पूरे बाजार में फ्रूट केक और अदरकवाले बिस्कुट (जिंजर ब्रेड) की भीनी-भीनी खुशबू आती है। हर दुकान बेहद करीने से सजी-धजी। इसलिए कि उनमें से किसी एक दुकान को इस सजावट के एवज में हर सीजन में भारी-भरकम नकद इनाम मिलता है। यह इनाम कभी-कभी उनकी पूरे सीजन की बिक्री से भी ज्यादा होता है। एक अन्य जगह है, जो क्रिसमस और नए साल पर घूमी जा सकती है। इसका नाम है—वेल्स का 'कार्डिफ क्रिसमस मार्केट'। हाथ से बने धातु के बरतन, लकड़ी के खिलौने, चाँदी और दूसरे नगों से सजे आभूषण यहाँ की खासियत हैं। इसके अलावा फ्रेंकफर्ट का क्रिसमस मार्केट, बरमिंघम का बाजार, फ्रांस में स्ट्रैसबोर्ग का मार्केट भी हैं। ये सभी जगहें ऐसी हैं, जहाँ जिंदगी में एक बार तो जरूर जाना चाहिए।

फंडा यह है कि अगर आपको हर विषय की थोड़ी-बहुत जानकारी और तार्किक बुद्धि है तो आप किसी से भी रोचक संवाद स्थापित कर सकते हैं।

□

गिल्ली-डंडा से भी शिक्षा दी जा सकती है

वह 'टाटा कंसल्टेंसी सर्विस' में काम करता था। काम भी ऐसा कि हमेशा आँकड़ों के इर्द-गिर्द। वह चाहता तो अपने वेतन के चेक में न जाने कितने जीरो जोड़ सकता था। लेकिन उसने ऐसा नहीं किया। इसके बजाय उसने उन लोगों को नंबरों की शिक्षा देने का फैसला किया, जो मैथमैटिक्स से डरते हैं। उसके साथ इस काम में सात अन्य पेशेवर भी हैं। ये सभी लोग पुस्तकों के जरिए मैथ नहीं सिखाते, बल्कि क्रिकेट और गिल्ली-डंडा जैसे सहज खेलों के जरिए इस मुश्किल विषय को सिखाते हैं।

साल 2011 में आठ युवा पेशेवरों ने अपने भारी-भरकम वेतन पैकेज को ठुकरा दिया। उन्होंने जरूरतमंद बच्चों को मैथ की शिक्षा देने का फैसला किया था। पढ़ाने का जरिया बनाया गिल्ली-डंडा और क्रिकेट को। इस समूह के अगुआ थे अभिषेक चक्रवर्ती। उम्र सिर्फ 29 साल। जिस वक्त जॉब छोड़ा, वे 'टाटा कंसल्टेंसी' में चार्टर्ड फाइनेंशियल एनालिस्ट थे। लेकिन यह नौकरी छोड़कर उन्होंने अपनी टीम के साथ पाँच सरकारी स्कूलों के 200 बच्चों को पढ़ाने का बीड़ा उठाया।

शुरुआत झारखंड के धनबाद जिले से हुई। वहाँ के निरसा ब्लॉक के पांड्रा, शानपुर, पोद्दारडीह, खासनिरसा और बैजान गाँवों से बच्चों को चुना गया। धनबाद पहुँचने से पहले अभिषेक 'व्हिजमंत्रा एजुकेशनल सॉल्यूशंस' की स्थापना कर चुके थे। इसके जरिए उन्होंने दिल्ली, मुंबई, गोवा, अहमदाबाद और राजगीर में गरीब बच्चों को शिक्षा भी दी थी। लेकिन वह एक तरह का पायलट प्रोजेक्ट ही था। इस काम की विधिवत् शुरुआत उन्होंने धनबाद से ही की। क्रिकेट मैच के जरिए अभिषेक और उनकी टीम बच्चों को गिनती और जोड़-घटाना सिखा रही थी। मैच में बननेवाले

रनों को ही इस कवायद का आधार बनाया जाता। ऐसे ही लट्टू के जरिए रेखागणित की मुश्किलें हल की जातीं। उनका दावा है कि बच्चों को कागज पर सर्किल वगैरह बनाकर समझाने की अपेक्षा खेल-खेल में ये सब चीजें समझाना ज्यादा आसान है। वे इस प्रक्रिया में सभी चीजों को हँसते-खेलते समझ लेते हैं। गणित की कोई भी मुश्किल उन्हें बोझिल नहीं लगती।

अभिषेक और उनकी टीम सन् 2011 में ही धनबाद के सभी 500 सरकारी स्कूल के बच्चों तक अपना प्रोजेक्ट ले जाने की योजना बना रही थी। और आगे चलकर आदिवासी और अल्पसंख्यक समुदाय के बच्चों को इसके जरिए लाभान्वित करना चाहती थी। दिसंबर 2013 में यह टीम गरीब बच्चों का ग्रेड बेहतर करने के लिए प्रयास कर रही थी। ये वे बच्चे थे, जो स्कूल तो आ रहे थे, लेकिन दूसरे स्टूडेंट्स की तुलना में ठीक-ठाक स्कोर भी नहीं कर पा रहे थे।

साल 2013 में 20 नवंबर से पाँच दिसंबर तक अभिषेक की टीम ने एक और काम किया। निरसा ब्लॉक के ही तीन सरकारी स्कूलों के शिक्षकों को भी ट्रेनिंग दे डाली। यही नहीं, कक्षा एक से आठवीं तक के पढ़ाई में कुछ धीमे 200 बच्चों को पढ़ाने के लिए अलग से कक्षाएँ भी लगाईं, ताकि वे अन्य परीक्षाओं में अच्छा स्कोर कर पाएँ। इसके बाद अब इस टीम ने पूरे साल इस तरह की अतिरिक्त कक्षाएँ लगाने का फैसला किया है। चुने गए स्कूलों में यह कवायद 20 दिसंबर से शुरू हो रही है।

अभिषेक और टीम को प्रायोजक भी मिल रहे हैं। 'मैथोन पावर लिमिटेड' ने इस टीम को मदद देना शुरू किया है। इस टीम ने जो स्टूडेंट सिलेक्ट किए हैं, वे बच्चे सभी कमजोर तबकों के हैं। उनके चयन के लिए टीम ने उनका टेस्ट लिया। स्कूल की रिपोर्ट देखी। टीचर्स और प्रिंसिपल से फीडबैक भी लिया। इसके बाद उन्होंने स्कूल के शिक्षकों को भी टिप्स देने का फैसला किया, ताकि वे भी पढ़ाई को आनंददायक बना सकें। कक्षाएँ रुचिकर बनाने के लिए नए जमाने के गैजेट्स की मदद भी ली जा रही है। अब यह टीम ई-लर्निंग प्रक्रिया के तहत इन्फॉरमेशन ऐंड कम्युनिकेशन टेक्नोलॉजी का भी इस्तेमाल शुरू करने जा रही है। टीम के सदस्यों ने 16 गाँवों में सर्वे भी किया है। अपने प्रोजेक्ट के लिए स्टूडेंट्स, टीचर्स का चयन किया है। स्कूलों की कक्षाओं को रोचक ढंग से पेंट किया गया है। इन कक्षाओं की दीवारों पर भी शिक्षण के सहज तरीके नजर आते हैं। अगले साल 2014 के लिए

इस टीम ने लक्ष्य तय किया है कि वह निसरा ब्लॉक के ही 50 अशिक्षित लोगों को भी शिक्षित करेगी। आगामी प्रोजेक्ट को 'कलम पकड़ो अभियान' नाम दिया गया है। इस टीम की सफलता की सबसे बड़ी वजह क्या है? उन्होंने शिक्षा और शिक्षण को उन चीजों से जोड़ा, जो बिल्कुल आम हैं। मसलन, गिल्ली-डंडा और क्रिकेट। इन रुचिकर और आम खेलों के जरिए शिक्षा को बोझिल से सहज बनाने का अभियान चलाया।

फंडा यह है कि अगर रचनात्मकता के साथ कोई भी काम किया जाए तो उसे सहज बनाया जा सकता है। सहज और रुचिकर होते ही काम में सफलता की दर भी बहुत ऊँची हो जाती है।

□

सीखना छोड़ देते हैं तो बढ़त भी रुक जाती है

दिल्ली के इंदिरा गांधी एयरपोर्ट के टर्मिनल टी-3 के बाहर इंतजार कर रही कार के ड्राइवर ने इंजन स्टार्ट ही किया था कि कार से अचानक बहुत तेज आवाज आने लगी। इतनी कि आस-पास खड़े लोगों का ध्यान उसी पर टिक गया। मैंने ड्राइवर से पूछा तो उसने बिना परेशान हुए जवाब दिया, 'थोड़ी देर में ठीक हो जाएगी, साहब।' मेरी नजर कार के एयरकंडीशनर की ओर गई। मुझे उसके फैन के बैल्ट की गड़बड़ी समझ आई। मैंने ड्राइवर को एसी बंद करने के लिए कहा। एसी का स्विच ऑफ करते ही कार से आवाज आनी भी बंद हो गई। गाड़ी आगे चल पड़ी। रास्ते में रामलीला मैदान के पास ड्राइवर ने रेगुलर मेकैनिक के पास गाड़ी रोकी। मेकैनिक ने उसे चैक करने के बाद मेरी आशंका को सही साबित कर दिया। कार के एसी में ही समस्या थी। ड्राइवर ने मुझसे पूछा, 'साहब, आपको कैसे पता चला कि गाड़ी में क्या दिक्कत है? क्या आप कार मेकैनिक हैं?' मैं मुसकराया और उससे कहा कि हमें यह सब स्कूल में पढ़ाया गया था। उसे समझ नहीं आया। उसे लगा कि मैं मजाक कर रहा हूँ। कहने लगा, 'क्यों, गरीब का मजाक उड़ा रहे हैं, साहब?'

बहरहाल, मैं आपको बताना चाहूँगा कि अमेरिका में आधे से अधिक कार मालिक अपनी गाड़ी खुद ठीक करना जानते हैं, और करते भी हैं। यह इसलिए है, क्योंकि अमेरिका में हाईस्कूल में ही बच्चों को एक स्पेशल क्लास अटैंड कराई जाती है। इसे 'शॉप' कहते हैं। इसमें उन्हें मशीनों के बारे में बताया जाता है। उनमें किस तरह दिक्कत हो सकती है? उन्हें कैसे ठीक किया जा सकता है, यह भी उन्हें सिखाया जाता है। यह वहाँ सबसे लोकप्रिय क्लास है। लेकिन भारत में आम तौर पर ऐसा नहीं होता।

हम इस बात के लिए अपनी बड़ाई करते हैं कि प्राचीन काल से ही हमारे देश के लोग हवाई जहाज उड़ाना जानते थे। सीताजी का अपहरण करके रावण विमान से ही लंका गया था। लेकिन हकीकत यह है कि आधुनिक युग में विमान का आविष्कार

राइट ब्रदर्स ने 1903 में किया। हमारे लिए यह भी गर्व का विषय रहता है कि टेलीविजन जैसी शक्ति भी हमारे पास बहुत पहले से है। संजय ने धृतराष्ट्र को उनके महल में ही बैठकर महाभारत के युद्ध का वृत्तांत देखकर सुना दिया था। लेकिन चित्रों के प्रसारण का पहला प्रदर्शन भी यूरोप में ही किया गया। पेरिस में जॉर्जेस रिगनॉक्स और ए. फोर्नियर ने सन् 1909 में चित्रों का प्रसारण करके दिखाया। हालाँकि टीवी मशीन की शुरुआत इससे पहले 1890 से मानी जाती है। इसका श्रेय विलोबी स्मिथ को दिया जाता है।

हम यह भी दावा करते हैं कि हमारे पौराणिक योद्धाओं के पास अद्‌भुत शक्तियाँ थीं। वे योग शक्ति से अस्त्र-शस्त्र प्रकट कर लेते थे। उनके तीर आज के दौर की मिसाइलों के बेहद एडवांस संस्करण थे। बिना पायलट का विमान भी उस दौर में था, वगैरह-वगैरह। लेकिन हम यह भी जानते हैं कि बिना पायलट का विमान 'ड्रोन' सन् 2002 में सामने आया। यह अमेरिका का था। अमेरिकी खुफिया एजेंसी सीआईए ने पहली बार 4 फरवरी, 2002 को अफगानिस्तान के खोस्त में ड्रोन का इस्तेमाल किया। मिसाइलें और आधुनिक हथियार प्रणाली भी आधुनिक समय में पश्चिमी देशों की ही देन मानी जाती है। हममें से ही किसी भारतीय से पूछिए कि लाइट कैसे काम करती है?

उसका जवाब यही होगा, 'स्विच ऑन करते ही।' हम रेलवे स्टेशन पर, एयरपोर्ट पर या ऐसे किसी अन्य स्थानों पर न जाने कितनी आधुनिक सुविधाओं का इस्तेमाल करते हैं। लेकिन यह पता लगाने की कोशिश कभी नहीं करते कि ये काम कैसे करती हैं? हम जब भी किसी टूर पर जाते हैं तो मशीन की तरह काम करके या घूम-फिरकर वापस आ जाते हैं। लेकिन विदेशों में लोग ऐसा नहीं करते। वे जब जहाँ जाते हैं, वहाँ के बारे में नई-नई जानकारियाँ जुटाते हैं। उनसे भी कुछ-न-कुछ सीखकर आते हैं। वे एक सी जगहों पर घूमते भी कम हैं। हमेशा पर्यटन के लिहाज से नई जगहों का चुनाव करते हैं। मैं समझता हूँ, आपकी तरक्की तभी होती है, जब आपके सीखने की प्रक्रिया लगातार चलती रहे।

फंडा यह है कि अगर आप आगे बढ़ते रहना चाहते हैं तो लगातार सीखते रहिए। कम-से-कम जिस क्षेत्र में आप काम कर रहे हैं, वहाँ तो सीखने की प्रक्रिया कभी रुकनी नहीं चाहिए, नहीं तो आप ठहर जाएँगे।

□

बचपन में जो आदत पड़ गई, उसे छोड़ नहीं सकते

आज कुछ सवालों के साथ शुरुआत करते हैं। सवाल ये हैं कि देश के उस गाँव का नाम बताइए, जहाँ न सड़क है, न बसें चलती हैं, न स्कूल है और न बिजली? किस भारतीय को कैंब्रिज के इंटरनेशनल बायोग्राफिकल सेंटर ने 'नोबलेस्ट ऑफ द वर्ल्ड' के तौर पर नामित किया है? किस व्यक्ति को संयुक्त राष्ट्र ने '20वीं सदी का उत्कृष्ट नागरिक' करार दिया है? हम इन सवालों के जवाब के लिए आपको एक हिंट दे रहे हैं। केंद्र सरकार ने इस व्यक्ति को 'बेस्ट लाइब्रेरियन ऑफ इंडिया' घोषित किया है। चलिए, हम आपकी मदद कर देते हैं। पहले सवाल के जवाब में जो गाँव है, उसका उच्चारण बेहद मुश्किल है।

तमिलनाडु में तिरुनेलवेलि जिले का मेलाकराईवेलमकुलम। मूलभूत सुविधाएँ न होने के मामले में यह गाँव डिस्टिंक्शन में पास होता है। इसी अभावग्रस्त गाँव से ताल्लुक रखते हैं पालम कल्याणसुंदरम। दूसरे और तीसरे सवाल का जवाब भी यही है। ऊपर जिन अवॉर्ड्स का जिक्र है, वे इन्हें ही मिले हैं। सिर्फ ये तीन ही नहीं, इनके पास ऐसे अवॉर्ड्स की लाइन लगी है। बचपन में पालम भी दूसरे बच्चों की तरह पढ़ना चाहते थे। घर से 10 किलोमीटर दूर स्कूल जाते। शाम को थके-हारे लौटते। स्कूल आने-जाने में वे बोर हो जाते, क्योंकि उनके साथ कोई नहीं होता था। सो तभी उन्हें एक आइडिया आया कि क्यों न गाँव के बच्चों को स्कूल जाने के लिए प्रोत्साहित करें! लेकिन स्कूल फीस की दिक्कत थी। हर महीने पाँच रुपए के करीब फीस लगती थी। उनकी माँ एक-दो बच्चों की फीस दे सकती थीं। हर बच्चे की फीस देना उनके लिए भी मुश्किल था।

पालम चाहते थे कि ज्यादा-से-ज्यादा बच्चे स्कूल जाएँ, इसलिए उन्होंने कई तरीके अपनाए। गाँव के कई बच्चों को स्कूल में एडमिशन देने से मना कर दिया गया, क्योंकि उनके पास अच्छे कपड़े नहीं थे। पालम ने इन बच्चों को अपने कपड़े दिए। जिनके पास कॉपियाँ नहीं थीं, उन्हें अपनी कॉपियों से पन्ने फाड़कर दिए, ताकि ये सब बच्चे उनके साथ स्कूल जा सकें। उनकी माँ को यह सब पता था, लेकिन वे उन्हें कभी नहीं रोकतीं। वे जानती थीं कि उनका बेटा सही रास्ते पर है। पालम लाइब्रेरी साइंस में गोल्ड मेडलिस्ट हैं। उन्होंने हिस्टरी व लिटरेचर में मास्टर डिग्री भी ले रखी है। करीब 35 साल उन्होंने कॉलेज में काम किया। जो तनख्वाह मिली, उसे हर महीने दान करते रहे। करीब 30 करोड़ रुपए अलग-अलग पुरस्कारों की राशि के तौर पर मिले। वह राशि भी दान कर दी। जिंदगी की सड़क के सबसे मुश्किल मुकाम को पार करने में लाखों बच्चों की मदद की। लेकिन वे आज उम्र के उस पड़ाव पर हैं, जहाँ तेज ट्रैफिक के बीच सड़क पार करने में उन्हें खुद किसी की मदद लेनी पड़ती है।

वे 73 साल के हो चुके हैं। आज भी काम पर जाते हैं, ताकि अपने जरूरी खर्चों के लिए पैसे का इंतजाम कर सकें। एक बार तो उन्होंने दो जून की खुराक और कुछ पैसों के लिए वेटर की नौकरी तक कर ली। और पैसे भी क्यों चाहिए थे? अनाथ बच्चों की पढ़ाई-लिखाई में मदद देने के लिए। उन्होंने शादी नहीं की, क्योंकि उनका मानना था कि इससे एक व्यक्ति का खर्च वहन करने की जिम्मेदारी और उन पर आ जाती। इससे परोपकार के उनके कामों में बाधा पड़ती। अब पालम की सेहत वैसी नहीं रहती, जैसी युवावस्था में हुआ करती थी। स्वाभाविक भी है। लेकिन इसके बावजूद उन्हें शादी न करने का, परिवार न बनाने का कोई अफसोस भी नहीं है। उन्होंने बचपन में स्वार्थ के लिए अपने भीतर दूसरों की मदद करने की एक आदत डाली थी। लेकिन धीरे-धीरे वह आदत परमार्थ में तब्दील होती गई। दूसरों की मदद करने की आदत ऐसा जुनून बनी कि उन्होंने पूरा जीवन ही इस काम में लगा दिया।

फंडा यह है कि बचपन में जो आदतें पड़ जाती हैं, उन्हें बड़े होने के बाद आसानी से मिटा नहीं सकते। अपने व्यक्तित्व से हटा नहीं सकते। इसीलिए जरूरी होता है कि मूल्यों की शिक्षा बचपन में ही डाल दी जाए।

□

सब समझा देती है दिल में दया और करुणा

दुनिया की सबसे ग्लैमरस रिसॉर्ट सिटी से महज 10 किलोमीटर दूर है वह द्वीप। समुद्र तट के बहुत नजदीक। लेकिन यहाँ तक पहुँचने के लिए दक्षिणी अटलांटिक सागर के बर्फीले पानी के बीच 30 मिनट की यात्रा करनी पड़ती है। मदीबा के जीवन से जुड़े पहलुओं के अध्ययन के लिए दक्षिण अफ्रीकी सरकार ने कुछ चुनिंदा पत्रकारों को बुलाया था। ये पत्रकार जब इस द्वीप की यात्रा पर थे तो सूरज को भी उन पर दया नहीं आ रही थी। ठंडी समुद्री हवाओं के थपेड़े उन्हें झकझोर रहे थे। लेकिन यह जानकर किसी को भी अचरज होगा कि भीषण ठंडे इलाके में स्थित इस द्वीप पर मदीबा ने जीवन के 27 साल गुजारे। जिस छोटे से कमरे वे रहते थे, पत्रकारों को वहाँ ले जाया गया। बताया गया कि मदीबा यहीं खुद को फिट रखने के लिए 'शैडो बॉक्सिंग' की प्रैक्टिस भी करते थे।

हम दक्षिण अफ्रीका के पूर्व राष्ट्रपति नेल्सन रोलीहाहला मंडेला का जिक्र कर रहे हैं। फरवरी की 13 तारीख थी। मदीबा जेल से छूटकर पहली बार पत्रकारों के सामने आए थे। केपटाउन के आर्कबिशप के टैरेस गार्डन पर यह कॉन्फ्रेंस थी। सवाल-जवाब का सिलसिला चल ही रहा था कि तभी एक गोरा रिपोर्टर आगे आया। उसने अपना नाम क्लेरेंस केटर बताया। अफ्रीका की सरकारी न्यूज एजेंसी—'अफ्रीकंस लैंग्वेज सर्विस' का पॉलिटिकल कॉरेस्पोंडेंट था वह। उसने दशकों से चले आ रहे रंगभेद से जुड़े मसले पर कई सवाल पूछे। उसके सवालों में अजीब तरह की एक आशंका का भाव साफ नजर आ रहा था। मदीबा ने उसके सवालों को शांति से सुना। फिर जवाब देने के बजाय वे उसके पास पहुँच गए। उसका हाथ अपने हाथ में लिया और उसे धन्यवाद देने लगे। बोले, 'जब मैं जेल में था तो आखिरी सालों में मुझे जेल प्रशासन ने एक रेडियो दिया। इस पर मैं आपकी दी हुई

खबरों को ध्यान से सुनता था। उन पर सबसे ज्यादा भरोसा करता था। उनसे मुझे पता चलता था कि बाहर देश में इस अहम मसले (रंगभेद के) पर क्या-कुछ चल रहा है।' मदीबा की बात सुनकर केटर दंग रह गया। उसकी आँखों में आँसू थे।

ऐसा ही 1985 की शुरुआत का एक वाकया था। दक्षिण अफ्रीकी सरकार मदीबा को सशर्त जेल से छोड़ने के लिए तैयार हो गई थी। शर्त यह थी कि वे सरकार विरोधी प्रदर्शनों में शामिल नहीं होंगे। मदीबा ने सरकारी प्रस्ताव पर कोई प्रतिक्रिया नहीं दी। एक महीना बीत गया। मदीबा की 23 साल की बेटी जिंजी मंडेला एक कार्यक्रम में हजारों लोगों की भीड़ के सामने थी। वह अपने पिता से मिलकर आई थी। उसने लोगों से कहा कि उसके पिता ने उन सभी के लिए एक संदेश भेजा है। उन्होंने कहा है, 'मैं सरकार से कोई वादा नहीं कर सकता। न ही करूँगा। तब तक, जब तक कि मुझे और आप सभी को आजादी नहीं मिल जाती। मेरी और आपकी आजादी एक-दूसरे से जुदा नहीं है। इसे एक-दूसरे से अलग नहीं किया जा सकता।' मंडेला ने संभवत: रेडियो पर केटर्स की खबरें सुनकर ही यह निर्णय लिया था।

फंडा यह है कि अगर आपके दिल में दया और करुणा है तो आप लोगों के चेहरे के भाव पढ़ सकते हैं। खुशी, दर्द, चिंता, आशंका, गुस्सा, तनाव–सबकुछ समझ सकते हैं कि आँखें क्या कह रही हैं? जान सकते हैं कि आवाज के पीछे क्या हो सकता है? दया और करुणा वे चीजें हैं, जिनके सामने कोई भाव छिप नहीं सकता।

□

जहाँ अरमान ऊँचे होते हैं वहीं उद्यमिता फलती-फूलती है

उत्तर प्रदेश में तीनों बड़े शिक्षा बोर्डों के 12वीं के रिजल्ट घोषित हो चुके हैं। लखनऊ और उसके आस-पास यूनिवर्सिटी व कॉलेजों में एडमिशन के लिए भारी जद्दोजेहद जारी है। इस बार लाइन उम्मीद से कहीं ज्यादा लंबी है, क्योंकि 12वीं की परीक्षा में सफल छात्रों की संख्या काफी ज्यादा है। निश्चित तौर पर उत्तर प्रदेश के उच्च शिक्षा संस्थानों पर भी दबाव काफी है।

टेक्निकल और मेडिकल सहित प्रदेश की यूनिवर्सिटी और कॉलेजों में कुल करीब 16 लाख सीटें हैं, जबकि इनमें प्रवेश पाने की इच्छा रखनेवाले स्टूडेंट 32 लाख हैं। हालाँकि काफी स्टूडेंट्स को एडमिशन मिल जाता है, लेकिन यह तय नहीं होता कि उन्हें क्वालिटी एजुकेशन मिलेगी या नहीं, उत्तर प्रदेश बोर्ड से इस बार 23.5 लाख स्टूडेंट 12वीं में पास हुए हैं। सीबीएसई बोर्ड से प्रदेश के 1.30 लाख और लगभग इतने ही आईएससी के। करीब तीन लाख स्टूडेंट वे हैं, जिन्हें पिछले दो साल से एडमिशन नहीं मिला। वे इस बार भी एडमिशन की होड़ में हैं। यही नहीं, बनारस हिंदू यूनिवर्सिटी, अलीगढ़ मुसलिम यूनिवर्सिटी, इलाहाबाद यूनिवर्सिटी और लखनऊ यूनिवर्सिटी में पढ़ाई के लिए बिहार, असम, मणिपुर, पश्चिम बंगाल जैसे राज्यों के भी स्टूडेंड पढ़ने के लिए आते हैं। इस तरह के स्टूडेंट की तादाद करीब दो लाख के आस-पास होती है। राज्य में सरकारी डिग्री कॉलेज 138, सरकारी सहायता प्राप्त डिग्री कॉलेज 331, निजी डिग्री कॉलेज 3,382 हैं। इनमें कुल 12 लाख अंडरग्रेजुएट (बी.ए., बी.ए.स-सी., बी.कॉम.) सीटें हैं। यहाँ करीब 13 स्टेट यूनिवर्सिटी हैं, जिनकी स्ट्रेंग्थ एक लाख के लगभग है। टेक्निकल यूनिवर्सिटी से करीब 300 कॉलेज जुड़े

हुए हैं। इनमें इंजीनियरिंग, फार्मेसी, आर्किटेक्चर, फैशन डिजाइनिंग आदि की 1.5 लाख सीटें हैं। मेडिकल, एग्रीकल्चर कॉलेजों, यूनिवर्सिटी और चार सेंट्रल यूनिवर्सिटी की सीटें भी लगभग एक लाख के आस-पास बैठती हैं। मान लें कि ओपन यूनिवर्सिटी ज्वॉइन करनेवाले स्टूडेंट 50,000 के करीब हैं। लगभग 90,000 स्टूडेंट पॉलीटेक्निक में चले जाते हैं, जबकि 1.35 लाख राज्य के 1641 आईटीआई संस्थानों में एडमिशन ले लेते हैं तो यहाँ प्रवेशार्थियों का आँकड़ा 18 लाख के करीब हो जाता है। एक अनुमान के मुताबिक, करीब 2.5 लाख स्टूडेंट (12वीं में पास हुए कुल स्टूडेंट्स का 10 फीसदी) उच्च शिक्षा के लिए महानगरों का रुख कर पाते हैं। इनको अलग भी कर दिया दिया जाए तो भी उत्तर प्रदेश में 32 लाख से ज्यादा स्टूडेंट के लिए सिर्फ 16 लाख सीटें ही उपलब्ध हैं। मान लीजिए कि 30 फीसदी स्टूडेंट उच्च शिक्षा लेते ही नहीं, तब भी सीटों की कमी काबिलेगौर है।

लखनऊ में ही अंडरग्रेजुएट सीटें 48,000 के करीब हैं, जबकि एडमिशन लेनेवाले दो से तीन लाख स्टूडेंट हैं। वे हर साल एडमिशन के लिए आवेदन करते हैं। पिछले दो साल में राज्य सरकार ने सीटों की संख्या में 33 फीसदी की बढ़ोतरी की है, लेकिन इससे शिक्षण संस्थानों के आधारभूत ढाँचे और फैकल्टी पर काफी दबाव आ गया है। सीमित संसाधन यूनिवर्सिटियों, कॉलेजों को गुणवत्ता से समझौता करने के लिए मजबूर कर रहे हैं। सीटों की संख्या बढ़ने का मतलब है—गुणवत्ता से समझौता। उच्च शिक्षण संस्थान राज्य सरकार से शिक्षकों और आधारभूत ढाँचे की माँग कर रहे हैं। यूनिवर्सिटियों और कॉलेजों में टीचर-स्टूडेंट अनुपात इस वक्त 1:300 के करीब है।

फंडा यह है कि जहाँ अरमान ऊँचे होते हैं, उद्यमिता वहीं फलती-फूलती है। इस अकेले राज्य में बड़ी संख्या में इच्छुक उम्मीदवार हैं। किसी उद्यमी के लिए भुनाने को यहाँ काफी कुछ है।

□

गलती पर आधारित न हो नई चीजों की शुरुआत

यह माहौल एक पारंपरिक भारतीय शादी जैसा था, जिसमें खूब शोर-शराबा, चमक-दमक और दिखावा होता है। सदाशिव नगर, बेंगलुरु के रहनेवाले दूल्हे चंदन लाल उर्फ मनीष के दोस्तों ने उसकी सामाजिक और आर्थिक हैसियत को ध्यान में रखते हुए शादी के हर विधि-विधान में खर्चीलेपन की पूरी व्यवस्था की थी। उत्तर भारत में हिंदू परिवारों में दूल्हा घोड़ी पर बैठकर जुलूस की शक्ल में शादी के मंडप तक पहुँचता है। मनीष के चाचा के कहने पर व्यवस्थापकों ने उसके लिए एक हाथी का बंदोबस्त किया था। हावेरी जिले के ऐरानी मठ स्थित सद्गुरु बासवराज देशी केंद्र से 13 साल की हथिनी रानी को लाया गया। परिवार के लोगों ने विशेष तौर पर शादी के लिए इसका इंतजाम किया था और इसके लिए 30 हजार रुपए दिए थे।

दूल्हा मनीष शादीवाली जगह पर मुश्किल से पहुँचा था, जब वन विभाग के एक अधिकारी ने उसे हाथ पकड़कर हाथी से नीचे उतारा। वन विभाग के कर्मचारी पहले ही वहाँ पहुँच चुके थे और दूल्हे के आने की प्रतीक्षा कर रहे थे। व्यावसायिक कार्यों के लिए हाथी का इस्तेमाल केंद्रीय और 'राज्य वाइल्ड लाइफ कंजर्वेशन रूल्स' के खिलाफ है। वन अधिकारियों ने इस मामले में दोनों पक्षों—मनीष, जिसे उन्होंने हाथी की सवारी करते हुए पकड़ा था और हफीज, जो उसका महावत था—के खिलाफ मामला दर्ज किया था।

वन अधिकारियों की काररवाई ने इस 'बिग फैट इंडियन वेडिंग' की हवा निकालकर रख दी थी। पुलिस ने शादी की प्रक्रिया पूरी होने दी और अपनी काररवाई

पूरी करते रहे। शुरुआत में उन्हें लगा था कि बिना मान्य ट्रांसपोर्ट परमिट के हाथी का इस्तेमाल किया गया था। लेकिन मनीष जब फेरे ले रहा था, तब महावत यह प्रमाण-पत्र भी नहीं दिखा सका कि हाथी का मालिक वही है। इसके बाद उन्होंने जानवर की चोरी और उसे अवैध तरीके से रखने संबंधित मामला दर्ज कर सबको आरोपी बना दिया।

'इंडियन वाइल्ड लाइफ ऐक्ट' के सेक्शन 40 के अनुसार कोई भी व्यक्ति चीफ वाइल्ड लाइफ वार्डन की पूर्व अनुमति के बिना—1. न खरीद सकता है और न ही उसे अपने पास रख सकता है, 2. न किसी को हस्तांतरित कर सकता है, उपहार, बिक्री या किसी और तरीके से या 3. न ही शेड्यूल-1 में शामिल जानवरों को कोई नुकसान पहुँचा सकता है। कानून के अनुसार, इन प्रावधानों का उल्लंघन करनेवाले को तीन साल की जेल और 25 हजार रुपए तक का जुरमाना हो सकता है।

मनीष अपने घर से हाथी पर बैठकर आया था और उसके साथ म्यूजिक बैंड और शोर करती लोगों की भीड़ थी। यह जोखिमवाला काम था, क्योंकि हाथी संगीत और भीड़ को लेकर बहुत ज्यादा संवेदनशील होते हैं। वन अधिकारियों के मुताबिक जानवर के साथ इस तरह का व्यवहार करना क्रूरता की श्रेणी में आता है और मनीष को इसीलिए आरोपी बनाया गया।

मठ से मनीष के निवासस्थान तक 300 किलोमीटर की दूरी से हथिनी को लोहे की चेन में बाँधकर एक ट्रक में लाया गया था। लेकिन इसके लिए चीफ कंजर्वेटर ऑफ फॉरेस्ट्स या दूसरे अधिकारियों से कोई पूर्वानुमति नहीं ली गई थी। महावत हफीज को भी इस मामले में आरोपी बनाया गया। 'वाइल्ड लाइफ प्रोटेक्शन ऐक्ट' और दूसरे सरकारी आदेशों में हाथी के इस तरह व्यावसायिक उपयोग तथा एक से दूसरे स्थान पर ले जाना या दूसरे को हस्तांतरित करना प्रतिबंधित है।

स्कूल में पहली बार एडमिशन, नौकरी के लिए पहला आवेदन और शादी-शुदा जिंदगी में पहला कदम—इन चीजों का जीवन में अलग महत्त्व है और बचपन से लेकर पारिवारिक जीवन तक हम में से हर कोई इससे रू-ब-रू होतां है। यदि ये कदम किसी झूठ या अनावश्यक दिखावे पर आधारित हों तो आप खुद को ही माफ नहीं कर पाते हैं।

कई लोग अपने बच्चे का स्कूल में जल्दी एडमिशन दिलाने के लिए फर्जी बर्थ सर्टिफिकेट बनवाते हैं, लेकिन यह ध्यान रखना जरूरी है कि ऐसे लोग रिटायर

भी जल्दी होते हैं। उन्हें बाद में निराशा होती है, क्योंकि तब सैलरी से हाथ धोना पड़ता है। कुछ लोग नौकरी पाने के लिए झूठ बोल देते हैं कि कंपनी में उनका कोई संबंधी काम नहीं करता, लेकिन जब पोल खुलती है तो सारी खुशी गम में तब्दील हो जाती है।

फंडा यह है कि जीवन में किसी भी चीज की शुरुआत झूठ या दिखावे के साथ नहीं करनी चाहिए, खासकर गैर-कानूनी काम तो कभी नहीं करना चाहिए। इसके दर्द का अहसास आपको तब होता है, जब आप जीवन में आगे बढ़ते हैं।

□

आपके व्यक्तित्व का पता आपकी सोच से चलता है, कपड़ों से नहीं

आरिफ शेख (12) और फरहान शेख (10) उम्र में बहुत छोटे हैं। लेकिन उनके एक बड़े काम ने अहमदाबाद की स्थानीय पुलिस को बेहद प्रभावित किया है। ये दोनों दरियापुर के कुंभार नो डेलो इलाके में रहते हैं। एक दिन जब वे अपने घर से बाजार जा रहे थे तो उन्हें रास्ते में कालूपुर इलाके की लाल मसजिद के नजदीक एक स्कूटर के पास मोबाइल फोन मिला। उन्होंने उसे जेब में नहीं रखा, बल्कि उसे लेकर दरियापुर पुलिस स्टेशन पहुँच गए। फिर पुलिस की मदद से वह मोबाइल उसके असल मालिक तक पहुँचा दिया।

इन बच्चों के पिता चाय की दुकान लगाते हैं। माँ एक अस्पताल में सफाईकर्मी है। उनके पास घर पर एक मोबाइल था, जिस पर वे गेम्स खेलते थे। लेकिन वह खराब हो चुका है। मतलब, उनके पास अब गेम खेलने का साधन नहीं है। इसके बावजूद उनके मन में बाजार में पड़ा मिला मोबाइल अपने पास रख लेने का लालच नहीं आया। बच्चों की ईमानदारी से सिर्फ पुलिस ही नहीं, बल्कि मोबाइल के मालिक डॉ. शोएब कटरावाला भी काफी प्रभावित हुए। उन्होंने उन बच्चों को कुछ इनाम देने की कोशिश की, लेकिन दोनों ने उसे लेने से भी मना कर दिया। यह कहकर कि उन्होंने यह सब पैसे के लिए नहीं किया है। दरअसल, इन बच्चों को एक बार उनके स्कूल की तरफ से पुलिस स्टेशनों की सैर पर ले जाया गया था। वहाँ पुलिस अधिकारियों ने उन्हें बताया था कि एक नागरिक के तौर पर हर किसी को हमेशा ईमानदार रहना चाहिए। उन्हें बताया गया था कि किस तरह पुलिस बुरे लोगों को पकड़ती है और कैसे एक अच्छा नागरिक पुलिस की इस काम में मदद कर सकता है।

मुझे याद है कि एक बार मैं हैदराबाद में अपने कजिन के स्कूल गया था। 'सिल्वर ओक' नाम है उस स्कूल का। दशहरे के एक दिन पहले की बात है। स्कूल कैंपस में रावण का पुतला जलाए जाने का कार्यक्रम चल रहा था। बच्चे लाइन में खड़े हुए थे। उनके छोटे-छोटे हाथों में कागज चिटें थीं। जब जिस बच्चे की बारी आती, वह धीरे से आगे बढ़ता। रावण के जलते हुए पुतले की आग में वह चिट फेंक देता और कक्षा में वापस लौट आता। दरअसल उस चिट में उन बच्चों ने अपनी बुरी आदत के बारे में लिख रखा था। साथ में यह वादा भी कि वे इस आदत को हमेशा के लिए छोड़ रहे हैं। उन्हें यकीन था कि आग में उस चिट को फेंकने के बाद अब वह बुरी आदत कभी लौटकर नहीं आएगी। महात्मा गांधी के सिद्धांतों के प्रति इस स्कूल का विशेष झुकाव है। इसलिए यहाँ बच्चों को अकसर सादा जीवन जीने की शिक्षा दी जाती है। उन्हें बार-बार यह बताया जाता है कि किसी के व्यक्तित्व का उसकी सोच से, विचारधारा से पता चलता है। इससे नहीं कि वे क्या पहनते हैं और किस तरह की चीजें उनके पास हैं! स्कूल ने अपनी इस पहल को 'ब्रांड गांधी' नाम दिया है। गांधी के पाँच सिद्धांतों—स्वराज, सत्याग्रह, स्वदेश, स्वधर्म और सर्वोदय को इस स्कूल ने अपनी दिनचर्या में शामिल कर रखा है। बच्चों को एक नागरिक के तौर पर उनके कर्तव्यों के प्रति भी लगातार जागरूक किया जाता है।

चरित्र-निर्माण की जरूरत बचपन से ही होती है। आज भी कई स्कूल ऐसे हैं, जो असेंबली के दौरान सिद्धांतों की सिर्फ बातें नहीं करते, बल्कि बच्चों को रोजमर्रा के जीवन में उन पर अमल करना भी सिखाते हैं। इन्हीं प्रयासों से नई पीढ़ी सार्वजनिक संपत्ति और दूसरों की चीजों के प्रति संवेदनशील हो रही है। उनका सम्मान करना भी सीख रही है।

फंडा यह है कि आपके व्यक्तित्व का पता आपके विचारों से चलता है। आप क्या बोल रहे हैं, समाज में कैसा व्यवहार कर रहे हैं। यह सब ज्यादा मायने रखता है। बजाय इसके कि क्या और कैसा पहन रहे हैं और किस तरह की चीजों का इस्तेमाल कर रहे हैं।

□

मुश्किल वक्त में जानकारियों के बजाय बुद्धि ज्यादा काम आती है

पहला आदमी—दाहिने हाथ में एक मोटा सा सोने का कड़ा पहने हुए है। बाएँ हाथ में ब्रांडेड घड़ी। शर्ट पर तीर का निशान और बैल्ट पर क्रोकोडाइल। इसे देखकर ही यह समझ आ जाता है कि वह सिर्फ सर्वश्रेष्ठ चीजों का ही इस्तेमाल करता है। वह कहीं इंटरव्यू के लिए जा रहा था। लोगों की नजर उस पर पड़ी, जब वह कुछ जोर से बोला, 'अभी तो विमान उड़ने में समय है।' दरअसल, उससे एयरहोस्टेस ने मोबाइल बंद करने को कहा था। तीन अनाउंसमेंट हो चुके थे कि फ्लाइट उड़नेवाली है। लेकिन वह मोबाइल पर बात किए जा रहा था। इसके बाद एयरहोस्टेस को उससे मोबाइल बंद करने को कहना पड़ा। यह उसे अच्छा नहीं लगा था। बिजनेस क्लास में उस यात्री का बेटा भी उसके साथ था। उसे भी फ्लाइट में मिलनेवाला इडली, वड़ा, साँभर, चटनी, ब्रेड, जैम, फल आदि का नाश्ता पसंद नहीं आ रहा था। वह पिज्जा माँग रहा था, 'ब्रांडेड फूड।'

दूसरा आदमी—बहुत साधारण सी जिंदगी जीनेवाला। शुरुआत में गाँव में पला-बढ़ा। फिर कॉलेज पढ़ने के लिए कस्बे में आया। अपनी कई शामें उसने ताल-तलैयों में तैरकर गुजारीं। इंटरव्यू देने के लिए वह दो बसें बदलते हुए आया था।

पहली नजर में उसे देखकर कोई भी बता सकता था कि उसके पास संसाधन बहुत कम रहे, लेकिन भीतर से वह बहुत समृद्ध था। उसके शौक भी क्या थे—पेड़ों पर चढ़ना, फल तोड़ना, बारिश के दौरान कीचड़ में फुटबॉल खेलना। उसके मुताबिक इस सबसे उसे कोई जानकारी भले न मिली हो, लेकिन बुद्धि का विकास हुआ। उससे जब पूछा गया कि इन खेलों में मिली हार पर उसे कैसा लगता है? तो उसका जवाब था, 'जब जीत गया तो जीत गया और जब हारा तो सीख गया।' असल में इस तरह

के खेलों से उसे अपने भीतर के कौशल को निखारने का भरपूर मौका मिला था। उसने अपने द्वंद्व को जीतना भी सीखा। अब दोनों के सामने एक सवाल पूछा गया कि मान लीजिए, वे अपनी कार से तेज बारिश और आँधी-तूफान की रात में अकेले कहीं जा रहे हैं। रास्ते में उन्हें तीन लोग मिलते हैं। पहला—एक बूढ़ी औरत, जिसे देखकर लगता है कि वह अब मरी कि तब मरी दूसरा—उनका एक पुराना दोस्त, जिसने कभी उनकी जान बचाई थी। एक सुंदर सी महिला, जिसकी उन्होंने हमेशा अपने जीवनसाथी के तौर पर कल्पना की थी। इन दोनों को यह भी बताया गया कि उनकी कार में सिर्फ एक आदमी को बिठाने की जगह है। वे जगह बनाने के लिए कार में से कोई सामान भी नहीं उतार सकते। यह एक ऐसा सवाल था, जिससे यह परखा जा रहा था कि ये दोनों नैतिक मूल्यों को कितनी अहमियत देते हैं? अभी दोनों जवाब के बारे में सोच ही रहे थे कि इंटरव्यू लेनेवाले ने उनके दिमाग को बरगलाना शुरू कर दिया। कहने लगा, 'आप बूढ़ी औरत को बिठा सकते हैं, क्योंकि वह क्या पता कब मर जाए! इसलिए आपको पहले उसे ही बचाना चाहिए। वैसे, आप चाहें तो अपने दोस्त को भी बचा सकते हैं। उसने भी तो एक बार आपकी जिंदगी बचाई थी। उसका अहसान चुकाने का इससे अच्छा मौका कोई और नहीं हो सकता। लेकिन इन दोनों को बचाने के चक्कर में आप उसे हमेशा के लिए खो देंगे, जिसे आप हमेशा से जीवनसंगिनी बनाना चाहते थे।' दोनों उम्मीदवार उसे शांति से सुन रहे थे। जैसे ही इंटरव्यू लेनेवाला चुप हुआ तो विमान से आनेवाला उम्मीदवार बोला, 'मैं बूढ़ी औरत को गाड़ी में बिठाकर पहले अस्पताल छोड़ूँगा। फिर लौटकर अपने दोस्त की मदद करूँगा। अपने 'सपनों की रानी' के बारे में ज्यादा फिक्र नहीं करूँगा।' गाँव से आनेवाले लड़के का जवाब था, 'मैं अपनी कार की चाबी अपने दोस्त को दे दूँगा। उससे कहूँगा कि वह बूढ़ी औरत को अस्पताल ले जाए। मैं खुद अपनी होनेवाली जीवनसाथी के साथ गंतव्य तक पहुँचने के लिए बस का इंतजार कर लूँगा।'

फंडा यह है कि जीवन के सुख और आराम के बीच आप अपनी बुद्धि का विकास हमेशा कर पाएँ, यह जरूरी नहीं। हाँ, जानकारियाँ जरूर काफी बढ़ा सकते हैं। लेकिन मुश्किल हालात में बुद्धि ही आपके ज्यादा काम आती है, बजाय जानकारियों के। इसलिए जरूरी है कि हम अपने जीवन में इन दोनों का संतुलन बनाकर चलें।

□

जानवरों से भी मिलती है नैतिक मूल्यों की शिक्षा

पहली कहानी—एक बार एक धनी व्यक्ति ने अफ्रीका के जंगलों की सैर का फैसला किया। साथ के लिए अपने पालतू डाक्सहूंड कुत्ते को ले लिया। एक दिन डाक्सहूंड तितलियों का पीछा करते-करते दूर चला गया। काफी दूर निकल जाने के बाद उसे महसूस हुआ कि वह खो गया है। कुछ देर इधर-उधर घूमता रहा। फिर उसने देखा कि एक तेंदुआ तेजी से उसकी तरफ बढ़ रहा है। जाहिर सी बात है, वह उसे अपना भोजन समझ रहा था। डाक्सहूंड को लगा, 'मैं बड़ी मुश्किल में फँस गया हूँ।' तभी उसे पास ही जमीन पर पड़ीं कुछ हड्डियाँ दिखीं। वह अपनी तरफ बढ़ रहे तेंदुए की तरफ पीठ कर उन हड्डियों को चबाने लगा। जैसे ही तेंदुआ उस पर झपटने को हुआ, वह जोर से बोला, 'वाह भाई, क्या स्वादिष्ट तेंदुआ था यह! अगर यहाँ कहीं ऐसा एकाध और मिल जाए, मुझे आश्चर्य ही होगा।'

यह सुनकर तेंदुए ने हमले का खयाल छोड़ दिया। उसके चेहरे पर डर के चिह्न दिख रहे थे। उसने खुद को तुरंत झाड़ियों और पेड़ों की ओट में छिपा लिया। फिर धीरे से वहाँ से निकल लिया। एक बंदर यह सब देख रहा था। उसके दिमाग में एक उपाय सूझा। इसके जरिए वह खुद को तेंदुए से बचा सकता था। कुछ ही देर में डाक्सहूंड ने देखा कि बंदर बड़ी तेजी से तेंदुए की तरफ जा रहा है। थोड़ी ही देर वह उसके पास पहुँच गया। उसने तेंदुए को पूरे मामले की सच्चाई बता दी। तेंदुए को जैसे ही समझ आया कि उसे मूर्ख बनाया गया है, वह आगबबूला हो गया। उसने बंदर से कहा, 'मेरी पीठ पर बैठो और चलो मेरे साथ। देखो, मैं उस कुत्ते का क्या हाल करता हूँ!' अब डाक्सहूंड ने देखा कि तेंदुआ उसकी तरफ फिर लौट रहा

है। उसकी पीठ पर बंदर बैठा हुआ है। उसे माजरा कुछ-कुछ समझ आ गया। वह तेजी से सोचने लगा, 'अब मैं क्या करूँ?' लेकिन वहाँ से भागने के बजाय वह एक बार फिर तेंदुए की तरफ पीठ करके बैठ गया। जैसे कि उसने किसी को देखा ही न हो। जैसे ही तेंदुआ और बंदर नजदीक आए डाक्सहूंड जोर से बोला, 'यह कमबख्त बंदर भी न जाने कहाँ चला गया। आधे घंटे पहले मैंने उसे अपने लिए एक और तेंदुआ लाने भेजा था।'

दूसरी कहानी— भयानक सर्द रात थी वह। उनके परिवार में और जान-पहचान में कइयों की मौत हो चुकी थी। वहाँ मौजूद साहियों को हालात का अंदाजा हो चुका था। इसलिए उन्होंने तय किया कि वे झुंड में रहेंगी, ताकि वे खुद को गरम रख सकें। इस तरह से उन्होंने खुद को ढकने और सुरक्षित रखना शुरू किया, लेकिन उनके शरीर के काँट एक-दूसरे को चुभ रहे थे। जख्मी कर रहे थे। इससे सभी को झल्लाहट हो रही थी। उन्हें साथ रहने में खासी मुश्किल हो रही थी। सो उन्होंने अलग-अलग हो जाने का तय किया। वे अलग हो भी गईं और फिर एक-एक कर ठंड से मरने लगीं। अब उन्हें विकल्प चुनना था। वे या तो एक-दूसरे के काँटों को बरदाश्त करें या धरती से गायब हो जाएँ! उन्होंने अक्ल लगाई और साथ रहने का ही फैसला किया। एक-दूसरे को मिलनेवाली गरमी पाने के लिए थोड़े-बहुत जख्म बरदाश्त करना बेहतर समझा। इस तरह से उन्होंने अपना जीवन बचा लिया। सबसे बढ़िया संबंध पूरी तरह परफेक्ट लोगों के साथ रह लेना नहीं माना जा सकता, बल्कि एक-दूसरे की कमियों को स्वीकारते हुए उनके साथ रह लेना ज्यादा बेहतर समझा जाता है। जब हम लोगों की अच्छी आदतों की तारीफ करते हैं और उनकी कमियों के साथ तालमेल बिठाते हैं, वही आदर्श स्थिति होती है। इनसान सामाजिक प्राणी है, जो जंगल में अकेले नहीं रह सकता। जब आप समाज में रहते हैं तो कुछ संबंध बनाने पड़ते हैं, जो आपके साथ-साथ समाज के अस्तित्व के लिए भी जरूरी होते हैं। हर आदमी में अच्छाइयाँ और बुराइयाँ होती हैं। पूर्ण कोई नहीं होता।

फंडा यह है कि एक साथ होना अकेले रहने से कहीं बेहतर है। जानवर तक इस बात को समझते हैं। सो लोगों की कमियों के साथ तालमेल बिठाकर रहना हम सबको आना चाहिए।

□

रोज के अनुभवों में छिपी है सफलता की चाबी

एक किसान को पैसों की जरूरत थी। उसके पास केवल एक ही विकल्प था कि वह अपने बैलों को बेच दे। उसने एक अन्य किसान से संपर्क किया। दोनों के बीच मोल-भाव के बाद बैल को खरीदने की डील तय हो गई। किसान बैल की अच्छी कीमत मिलने से खुश था। उसे डर था कि अगर बैल की अच्छी कीमत नहीं मिलती तो वह परेशानी में आ जाता। सौदे के बाद किसान ने खरीदार को एक बीड़ी पीने का प्रस्ताव दिया था, लेकिन खरीदार ने उसके प्रस्ताव को शालीनता के साथ अस्वीकार कर दिया। किसान ने सोचा कि खरीदार ने सस्ते ब्रांड की बीड़ी पीने के प्रस्ताव को खारिज कर दिया होगा। किसान ने शालीनता से उससे पूछा, 'क्या आप धूम्रपान नहीं करते हैं?' खरीदार ने उत्तर दिया—नहीं। उसने कहा, 'तब मैं अपने बैल तुम्हें नहीं बेचूँगा'। अब वह दूसरे किसान के पास गया और पहलेवाली प्रक्रिया को फिर से दोहराया। लेकिन इस खरीदार ने पहलेवाले से कम कीमत उसके बैलों की लगाई। किसान ने उसे मान लिया। उसने खरीदार को भी एक बीड़ी दी। उसने उससे दो बीड़ी ली और एक को जलाकर पीने लगा।

विनिन परेरा इस पूरे घटनाक्रम को पास से देख रहे थे। वे एक लेखक और पर्यावरणविद् हैं। उन्होंने एक समुदाय का न केवल गहन अध्ययन किया, बल्कि उसके दस्तावेज भी तैयार किए हैं। उन्होंने किसान से पूछा कि उसने पहले खरीदार को अपने बैल अधिक कीमत मिलने के बाद भी क्यों नहीं बेचे? किसान ने जवाब दिया, 'एक व्यक्ति, जो खुद नहीं जानता है कि कब आराम करना चाहिए, वह बैल को किस तरह आराम करने देगा?'

यह तर्क भी दिया जा सकता है कि जो लोग धूम्रपान नहीं करते हैं, तो इसका मतलब यह नहीं है कि वह आराम करने का अर्थ नहीं समझते हैं! यहाँ किसान के नजरिए से बात को समझिए। उस किसान के नजरिए से, जो महाराष्ट्र के वरली आदिवासी समुदाय का रहनेवाला है। वह कभी स्कूल नहीं गया और न ही उसने एक शब्द कभी अपने जीवन में पढ़ा है। लेकिन उसने तनाव में रहने और रिलेक्स करनेवाले व्यक्ति की पहचान करने के लिए अपने हिसाब से एक तरीका खोज लिया है।

विनिन ने इस कौशल के बारे में मुझे सन् 1991 में बांद्रा, मुंबई के अपने मकान पर बताया था। उन्होंने बताया कि वरली आदिवासी सोचते हैं कि गाय के दूध पर बछड़े का हक है। उन्हें दूध पीने की जरूरत नहीं है, क्योंकि उनके सामान्य आहार में पर्याप्त पोषक तत्त्व हैं। वरली सिंचाई के बिना उसी जमीन में कई फसलें बोते हैं। वे धान के खेत में अरहर की दाल और लोबिया की फसल उगाते हैं। बाहरी हिस्से में भिंडी लगाते हैं। इसके साथ ककड़ी, मक्का, उड़द भी लगाई जाती है। उनकी झोंपड़ियों पर कद्दू की बेलें लहलहाती हैं। वे अपनी झोंपड़ियों के पिछले हिस्से में आम जैसे फलों के पेड़ लगाते हैं। वरली आदिवासी अंगूर के बगीचे में कीड़ों पर काबू पाने के लिए गुलाब के पौधे लगाते हैं, क्योंकि कीड़े पहले गुलाब पर हमला करते हैं। वे गुलाब के पौधों पर नजर रखकर अंगूर की फसल को बचा लेते हैं।

फंडा यह है कि दुनिया की किसी भी यूनिवर्सिटी में स्थितियों को समझने का कौशल नहीं सिखाया जा सकता है। इनसान होने के नाते इसे हमें रोज के अनुभव से ही सीखना होगा। दुर्भाग्य यह है कि हम ज्यादातर समय अपने सेल फोन की स्क्रीन देखने में ही व्यर्थ कर देते हैं। अपने साथी के चेहरे पर तो हमारा ध्यान ही नहीं जाता।

□

क्या फर्क पड़ता है, अगर आप औसत व्यक्ति हैं?

मध्य प्रदेश के अनूपपुर और छत्तीसगढ़ के अंबिकापुर रेल लाइन के किनारे एक गाँव है, नाम है—कदमटोला। अनूपपुर जिले की कोतमा तहसील के अंतर्गत आता है यह गाँव। पूरा-का-पूरा इलाका कोयले की खदानों के लिए जाना जाता है। करीब तीस साल पहले इस गाँव में बमुश्किल 60-70 घर हुआ करते थे। आज भी मकानों की संख्या ज्यादा नहीं है। कुछ दुकानें हैं। एक स्कूल भी ऐसा, जिसकी सुविधाओं का जिक्र न करें तो ही बेहतर है। बस, यही कुछ जगह हैं, जो गाँव में क्रिया-कलापों के केंद्र हैं।

इसी गाँव के छह बच्चों के एक परिवार की सबसे बड़ी बेटी है कमला कोल। गाँव के ही सरकारी स्कूल में पढ़ी हुई। उसके पिता, जो कि आठवीं क्लास तक पढ़े हैं, उसे अब तक केवल एक ही सुविधा दे पाए हैं, वह है अखबार। माँ पूरी तरह से अनपढ़। बेटी को हमेशा पढ़ाई न करने के लिए कहती रहती। स्कूल की पुस्तकें और अखबार पढ़ने को भी मना करती।

यह इलाका, जो कि पूरे देश को कोयले के जरिए ऊर्जा देता है, यहाँ बिजली सबसे पहले सन् 1998-99 में आई। इसका मतलब है कि कमला को पढ़ाई के लिए कभी बिजली भी नसीब नहीं हुई। इस सब के बावजूद वह गाँव की इकलौती बेटी है, जो स्कूल की पढ़ाई के बाद 12 किलोमीटर दूर कोतमा तक कॉलेज की पढ़ाई करने के लिए चली गई। स्कूल और कॉलेज की पूरी पढ़ाई के दौरान वह कभी पास हो जाती, कभी ज्यादा-से-ज्यादा सेकंड डिवीजन आ जाती। लेकिन आज उसके ये औसत अंक कोई मायने नहीं रखते।

अपने कॉलेज के दिनों में उसकी मुलाकात एक कार्यक्रम में जिले के कलेक्टर से हुई। उन्हें देखकर उसने भी सपना पाला। कलेक्टर बनने का सपना! लेकिन उसे पता नहीं था यह पूरा कैसे होगा? इसके लिए करना क्या होगा? वह सिर्फ मेहनत करना जानती थी। उसने की भी। जिंदगी में पहली बार समाजशास्त्र से एम.ए. करते हुए उसने टॉप किया। इसके बाद कुछ पुस्तकें जुटाईं और मध्य प्रदेश लोकसेवा आयोग का फॉर्म भर दिया। सन् 2006 की इस परीक्षा में उसने डिप्टी कलेक्टर पद के लिए प्रयास किया। पहले ही प्रयास में वह पास भी हो गई। लेकिन औसत अंकों के साये ने उसका पीछा नहीं छोड़ा। उसे सीएमओ की पोस्ट के लिए प्रस्ताव मिला।

आज कमला तीस साल की हो चुकी है। बिजुरी नगरपालिका में सीएमओ के पद पर शानदार काम कर रही है। अपनी तीन बहनों में से दो की शादी कर चुकी है। तीसरी की शादी की तैयारी कर रही है। अपने दो छोटे भाइयों के जीवन को व्यवस्थित करने की जिम्मेदारी भी उसके सिर पर है। इस सब को पूरा करने के बाद वह अपने सपने को पूरा करने के लिए फिर जुटने की इच्छा रखती है। वह सपना, जो उसके दिल में आज भी कसमसा रहा है। अपने सपने को पूरा करने के लिए वह बड़े शहर में कोचिंग लेने के लिए भी तैयार है। पहले जिसे न ले पाने का उसे अब तक अफसोस है। कमला की कहानी असाधारण नहीं है, लेकिन साधारण भी नहीं है। एक आदिवासी परिवार से, एक ऐसी पृष्ठभूमि से, जहाँ पढ़ाई-लिखाई से कोई ज्यादा वास्ता न हो, इसके बावजूद सीएमओ बनना औसत नहीं कहा जा सकता। हर वह बच्चा इन हालात में है, जो औसत अंकों से ही पास होता है, उसके लिए कमला एक प्रेरणा हो सकती है।

फंडा यह है कि कुछ बनने का अपना सपना कभी भी नहीं छोड़ना चाहिए। भले ही आप पढ़ाई में औसत ही क्यों न रहे हों! जिस दिन आपने अपना सपना लक्ष्य के तौर पर तय कर लिया। उसके लिए काम करना शुरू कर दिया, आपकी यात्रा साधारण से असाधारण की ओर शुरू हो जाएगी।

□

जिंदगी जिस रूप में सामने आए, उसे वैसे जिएँ

मैं 1982 में जर्नलिज्म का पहला ट्रेनिंग प्रोग्राम मद्रास में कर रहा था। आज उसे 'चेन्नई' कहते हैं। उन दिनों मैं रात करीब 12.30 बजे काम खत्म करके घर के लिए निकलता था। तब मोबाइल नहीं होते थे। मैं अपने अंकल की कार के आने का इंतजार करता था। वे मरीना में काम करते थे। मरीना बीच से पॉश इलाके मायलापोर जाने में करीब एक घंटा लगता था। इस दौरान मैं मरीना बीच की सुनसान सड़क पर 12–13 साल के बच्चों को लिफ्ट माँगते देखता था। उन दिनों लिफ्ट देना आम बात थी। इसे अच्छा माना जाता था, क्योंकि रात में करीब 10 बजे के बाद बसें नहीं चलती थीं। इसे शिष्टाचार के तौर पर देखा जाता था और यह आजकल की तरह जोखिम भरा नहीं होता था। अंकल के कार से उतरने के बाद मैं 3–4 बच्चों को पुरानी एंबेसडर कार में लिफ्ट दे देता था। धीरे-धीरे मैंने उनके साथ बात करना शुरू किया। उनकी जिंदगी के बारे में जाना और महसूस किया कि वे कैसे संघर्ष करते हैं, लेकिन बिना रुके आगे बढ़ते रहते हैं। ये लड़के तमिलनाडु के एक गाँव के रहनेवाले थे, लेकिन ओल्ड मायलापोर और चेन्नई के दूसरे पॉश इलाके ट्रिपलीकेन में रहते थे।

ये लड़के 'संदल' नामक स्नैक बेचते थे। दुनिया के दूसरे सबसे बड़े बीच मरीना पर बिकनेवाला यह जायकेदार स्नैक वहाँ रोजाना मिलता था। सफेद मटर के दानों, कच्चे आम और ताजे नारियल से बना 'संदल' सलाद की तरह लगता है। उस दौर में जब रोजगार पाना कठिन होता था, ये लड़के छोटे तरीकों से अपने गरीब परिवारों की मदद करते थे।

समुद्र तट पर शाम चार बजे से रात 11 बजे तक करीब 20 किमी. चलकर ये

लड़के रोजाना करीब पाँच किलो संदल बेच लेते थे। तेज आवाज में 'थेंगा मेंगा पट्टानी संदल' चिल्लाते हुए हर 10 में से किसी एक आदमी को ये ही लड़के दो से पाँच रुपए में नाश्ता बेच पाते थे। यह आसान काम नहीं था। पूरा स्नैक बेचे बिना ये लड़के घर नहीं जाते थे, क्योंकि दूसरे दिन वह बासी हो जाता था।

मैं इन बच्चों को चुपचाप देखता था। जैसे-जैसे समय बीतने लगा, मैं उन बच्चों को अकसर देखता और नियमित रूप से घर लौटने के दौरान उन्हें लिफ्ट देने लगा। मैं महसूस करता कि इन लड़कों की क्या जिंदगी है! जिन्हें स्कूल जाना चाहिए, वे रोज रात को मेरी कार में अपने पैसों का हिसाब करते थे। अपने दो महीनों के ट्रेनिंग प्रोग्राम के दौरान मैं करीब 40 दिन उन लड़कों से मिला। वे कार में लिफ्ट मिलने से बेहद खुश हो जाते थे। पूरे रास्ते मस्ती करते और मुझे संदल देना नहीं भूलते।

मैंने उनके चेहरों पर कभी निराशा या उदासी नहीं देखी। उनके चेहरों पर ऐसे भाव रहते थे, जैसे वे जिंदगी को उसी रूप में गले लगाने के लिए तैयार हों, जैसी उनके सामने आ रही है। इस अनुभूति ने मुझे हिलाकर रख दिया। कठिन आर्थिक पृष्ठभूमि से आने के बावजूद वे हँसते थे, उनके उत्साह और साहस में कोई कमी नहीं थी।

उन्होंने जिंदगी के उस रूप को स्वीकार कर लिया था, जैसी वह थी। वे जिंदगी से बिना शिकवा-शिकायत किए आगे बढ़ते जा रहे थे। उन लड़कों की जिंदगी से मैंने दूसरा सबक यह लिया कि खुशी और उत्साह से काम करने का जीवन में क्या महत्त्व है। इसमें मैं एक बात और जोड़ना चाहता हूँ। मरीना बीच अब बेहद भीड़-भाड़ वाली जगह बन गया है। यहाँ हॉकर्स की भीड़, सभी तरह के स्नैक्स दुकानों और फास्ट फूड कंपनियों के द्वारा बेचे जाते हैं। यहाँ संदल भी बिकता है, लेकिन कई नई चीजों ने उसकी जगह ले ली है। मगर वहाँ अब इस तरह के काम करनेवाले कम लोग हैं। अच्छी कमाई और काम के उचित घंटे होने के बाद भी गरीब परिवारों के लोग भी इसमें आने को तैयार नहीं हैं।

फंडा यह है कि जीवन जिस रूप में सामने आए, उसे स्वीकार करें। यह हमेशा अच्छा नहीं होगा। कभी अच्छा समय होगा, तो कभी बुरा भी होगा! उसे सहजता से स्वीकार करना परिपक्वता की निशानी है। मुख्य सवाल यह है कि कितनी जल्दी परिस्थितियाँ आदमी को परिपक्व बनाती हैं?

□

एक गलत निर्णय से जीवन का अंत नहीं होता

हमें उस व्यक्ति के नाम की जरूरत नहीं है, जिसने अपने जीवन में गलत रास्ता चुना और बाद में अपने निर्णय को दुरुस्त करके जीवन में आगे बढ़ा। 35 साल के मुखर्जी (बदला हुआ नाम) सुबह के समय अधिक व्यस्त नहीं होते हैं। उन्होंने जूट के बैगों को सिलने के लिए समय बाँट रखा है। भोजन को तैयार करने के बाद ऑफिस और अन्य स्थानों पर पहुँचाते हैं। यह काम 10 सदस्यों का एक ग्रुप करता है, जिसे एक एनजीओ ने हैंडीक्राफ्ट तैयार करने की ट्रेनिंग दी है। मुखर्जी और उनके साथी इससे महीने में पाँच हजार रुपए कमा लेते हैं। इस कमाई से उनकी जरूरतें तो पूरी नहीं होतीं, पर इस काम से उनके घर की महिलाओं को कोई आपत्ति नहीं है; क्योंकि इससे वे सम्मान की जिंदगी जी रही हैं।

ये तमाम महिलाएँ कोलकाता के किडरपोरे के निकट मुंशी गंज के रेडलाइट एरिया में रहनेवाली पूर्व सेक्स वर्कर हैं, जो अपने जीवन को बदलने की कोशिश में जुटी हैं। यह आसान काम नहीं है; क्योंकि उन्हें अपने व्यवसाय को छोड़ने पर हत्या तक की धमकी मिल रही है। कई महीनों तक तो उन्हें खुद को छिपाना भी पड़ा था। उनके बीच काम करनेवाले दलाल पुलिस की वरदी में उनके पास पहुँचे और उन पर अपने पेशे में वापस लौटने का दबाव बनाया। लेकिन महिलाएँ अपनी जिद पर अड़ी रहीं। अकसर उन्हें दलालों से बचने के लिए छिपने के स्थान से भागना भी पड़ता था। इसके बाद आया बदलाव! वे सिलाई-कढ़ाई और कुकिंग का प्रशिक्षण ले चुकी हैं। उनका समूह बच्चों के लिए मिड डे मील और विभिन्न ऑफिसों के लिए लंच बॉक्स बनाकर भेज रहा है। अब माह के अंत में उनके पास इतना ही पैसा

बचता है कि वे गुजर-बसर कर सकें। हालाँकि यह उससे काफी कम होता है, जो वे सेक्स वर्कर के रूप में कमाती थी। लेकिन अब उन्हें इसकी परवाह नहीं है।

सेक्स वर्कर के तौर पर उनके साथ जानवर से भी बुरा बरताव होता था। लेकिन अब वे जो काम कर रही हैं, उसमें आराम भले ही कम हो, पर सम्मान की जिंदगी जी रही हैं। पिछले पाँच साल के दौरान कोलकाता के रेड लाइट एरिया को करीब 350 सेक्स वर्कर छोड़ चुकी हैं। 'अपने आप' एनजीओ के मुताबिक, उसने इनमें से कई को नया जीवन शुरू करने में मदद की है। इनमें से कई सेक्स वर्करों ने शहर छोड़कर कहीं और बसने को प्राथमिकता दी है। लेकिन अब इनकी संख्या बढ़ती जा रही है और वे कोलकाता में ही बसना चाहती हैं। पुनर्वास योजना में कम आमदनी होने की वजह से कई वर्कर अपने पेशे में लौट गई हैं। अनेक स्वयंसेवी संगठन कोशिश कर रहे हैं कि ये महिलाएँ कम-से-कम 10 हजार रुपए प्रतिमाह कमा सकें। कुछ दूसरे पेशे में सुरक्षा नहीं मिलने की गारंटी की वजह से वापस लौटी हैं। हार्वर्ड विश्वविद्यालय के मनोविज्ञान विभाग ने हाल में एक शोध किया है। इसके मुताबिक दुनिया भर में लोगों ने अपने आस-पास एक अभेद्य दीवार बना ली है, जो डर की दीवार है, जिसमें शंका, जलन और लालच और चिंता की छत बनी हुई है। यह दीवार काफी मोटी और मजबूत है, जिसमें वे एक मुजरिम की तरह बंद रहते हैं। इसमें उन्हें कोई दूसरा नहीं भेजता है, बल्कि वे स्वयं ही जाते हैं। शोध में बताया गया है कि सभी इस दीवार को मजबूत करने में लगे हैं। समय और दृढ निश्चय किसी भी दीवार को तोड़ने में सक्षम है। लेकिन इसके लिए उपकरणों की आवश्यकता होती है। किसी भी काम को करने के लिए उपकरणों की जरूरत होती है, आप सब भी इससे सहमत होंगे।

फंडा यह है कि एक गलत निर्णय से निश्चित ही जीवन का अंत नहीं होता। कोई भी इससे उबरने का प्रयास कर सकता है और अपने नए जीवन की कभी भी शुरुआत कर सकता है। इसके लिए सकारात्मक व्यवहार और दृढ निश्चय की आवश्यकता होती है। इसे सभी अपना सकते हैं।

□

दुनिया के इकलौते शिल्पकार शिक्षक हैं

अब्दुल मुकीत को दो फरवरी 2010 की तारीख अच्छी तरह याद है। वह अबु धाबी के सेंट जोसेफ स्कूल में तीसरी कक्षा में पढ़ता था। उस वक्त उम्र थी आठ साल। उसकी टीचर ने उस दिन 'नो प्लास्टिक डे' के बारे में जानकारी दी थी। बताया था कि हम सब के लिए अपनी धरती को संरक्षित रखना कितना अहम है। यह भी कि पृथ्वी के पर्यावरण के लिए प्लास्टिक सबसे बड़ी चुनौती बन चुका है। इससे प्रदूषण फैलता है। यह पानी में बहकर जाता है तो समुद्री जीव-जंतुओं की जिंदगी के लिए खतरा बन जाता है। धरती पर भी इसे खाने से ऊँट व अन्य जानवरों की मौत तक हो जाती है। टीचर का लेक्चर उसके दिमाग में बैठ गया। घर पहुँचकर उसने माँ से पूछा कि किराने की दुकान वाला उसको चॉकलेट किस तरह से देता है? माँ मुसकराई और अब्दुल से बोली, 'तुम सोचो इस बारे में।' उसे याद आया कि किराने की दुकान से सामान प्लास्टिक बैग में आता है। उसने सोचा कि इसकी जगह कागज के बैग इस्तेमाल क्यों नहीं किए जा सकते! उसका दिमाग चलना शुरू हो चुका था। उसने् कागज की शीट उठाईं। चिपकाने के लिए ग्लू लिया और पेपर बैग बनाने बैठ गया।

इंटरनेट पर वेबसाइट से कुछ मदद ली। इनमें तरीके बताए गए थे कि वजन उठा सकनेवाले पेपर बैग कैसे बनाए जाएँ! उस रोज उसने कुछेक घंटों की मेहनत के बाद करीब 20 पेपर बैग बना लिये। अगले दिन अब्दुल स्कूल से लौटा तो अपने बनाए हुए पेपर बैग लेकर घर के पास ही मौजूद किराने की दुकान पर पहुँच गया। दुकान मालिक से कहा कि क्या वह सामान की पैकिंग के लिए इन बैग का इस्तेमाल कर सकता है?

दुकान का मालिक पहले तो तैयार नहीं हुआ, लेकिन बाद में बच्चे का दिल रखने की गरज से राजी हो गया। लेकिन उसे उस बच्चे की धुन के बारे में अंदाजा नहीं था। अगले दिन अब्दुल फिर नए बैग लेकर दुकान मालिक के पास पहुँच गया और बोला, 'आपके ये बैग खत्म होने से पहले मैं आपको और लाकर दूँगा।' रास्ता खुल चुका था। अब्दुल अब घर के नजदीक की दुकानों पर रोज कागज के करीब 20 बैग सप्लाई कर रहा था। दुकानों पर आनेवाले ग्राहक भी इन्हें प्लास्टिक की थैलियों की तुलना में काफी पसंद कर रहे थे। कागज के बैग अखबार के बने हुए थे। इनमें सामान रखने की जगह पर्याप्त थी और ये मजबूत भी थे। इन्हीं खूबियों के कारण महज सप्ताह भर में ही इनकी लोकप्रियता इतनी बढ़ चुकी थी कि लोग दुकानदारों से यही बैग माँगने लगे थे। इन पेपर बैग की लोकप्रियता का अंदाजा इससे भी लगाया जा सकता है कि जब सेंट जोसेफ स्कूल ने प्लास्टिक की थैलियों के खिलाफ अभियान चलाया तो स्टूडेंट्स से पेपर बैग बनाने को कहा।

इसके बाद बच्चों के बनाए पेपर बैग स्कूल ने आस-पास की कई दुकानों में बँटवाए भी। इन पेपर बैग का नाम 'मुक्कू बैग्स' रख दिया गया। अब्दुल के घर का नाम 'मुक्कू' है। और उसका एक नया नाम अब 'पेपर बैग ब्वॉय' भी हो गया है। इस दिशा में अब्दुल की पहली कोशिश के एक महीने के भीतर ही पेपर बैग का अभियान पूरे शहर में चर्चित हो चुका था। कई बड़ी संस्थाओं और प्रशासनिक अधिकारियों ने भी इस अभियान पर गौर किया था। इस अभियान के अगुवा की हैसियत से अब्दुल अब कई दूसरे अभियानों में भी बुलाया जा रहा था। इन्हीं में से एक था, 'रिड्यूस, रीयूज, री-साइकिल।' इसे 'सेंटर फॉर वेस्ट मैनेजमेंट' ने चलाया था। इसी बीच अब्दुल छुट्टियों में अपने गृहनगर जयपुर आया।

यहाँ वह राजस्थान के मुख्यमंत्री से मिला। उन्होंने भी उसकी कोशिशों और काम की जी खोलकर तारीफ की। अब्दुल की दादी निशात हुसैन पर्यावरण और सामाजिक मसलों पर संघर्ष करनेवाली अग्रणी कार्यकर्ता रही हैं। उन्हें कई अवॉर्ड भी मिले हैं। इनमें से एक है—1992 का 'इंडियन नेशनल अवार्ड फॉर हारमनी ऐंड पीस'। उस साल देश में कई जगह दंगे हुए थे। उस दौरान निशात ने सांप्रदायिक सद्भाव बनाए रखने के लिए जो काम किया, उसकी वजह से उन्हें यह अवॉर्ड मिला था। अब्दुल भी उन्हीं के नक्शेकदम पर चल रहा था। उसका सन् 2011 में 'यूनाइनेट नेशंस तुंजा कॉन्फ्रेंस' के लिए चयन हुआ। यह आयोजन इंडोनेशिया में

वहाँ की सरकार और यूएनईपी (संयुक्त राष्ट्र पर्यावरण कार्यक्रम) ने मिलकर किया था। वहाँ अब्दुल ने स्वच्छ पर्यावरण के लिए शुरू किए गए अपने 'पेपर बैग इनीशिएटिव' के बारे में प्रजेंटेशन दिया। पर्यावरण के प्रति अपनी प्रतिबद्धता को प्रदर्शित किया। संयुक्त अरब अमीरात की ओर से वह इस कॉन्फ्रेंस में मुख्य वक्ता था। और इस छोटे से बच्चे का ताजा मुकाम देखिए! उसने अभी हाल में ही 'अबु धाबी एन्वॉयरनमेंट अवॉर्ड' जीता है। दुनिया के 62 देशों के 22,000 लोगों को पीछे छोड़कर वह दस विजेताओं में शामिल रहा।

फंडा यह है कि अगर आप शिक्षक हैं तो आपके पास वह ताकत है, जिससे आप अपने शिष्यों को सफलता के शिखर तक पहुँचा सकते हैं। यही नहीं, बतौर शिक्षक अगर आप बच्चों की सोच को सही दिशा दे पाते हैं तो हमारी धरती भी यकीनन और खुशनुमा जगह बन सकती है।

□

भगवान् गणेश भी चाहते हैं आप बुद्धिमान हों

मुंबई की घरेलू नौकरानी लक्ष्मी अपनी विशेष योग्यता के कारण उन घरों में बेहद लोकप्रिय है, जहाँ वह काम करती है। हर किस्म का काम कर लेना उसकी खासियत है। लेकिन उसके साथ एक दिक्कत भी है। वह दस में से हर दो दिन गायब रहती है। सालोसाल से वह काम कर रही है। लेकिन उसकी माली हालत जस-की-तस है। वह 30 साल पहले जिस जगह पर रह रही थी, आज भी वहीं है। छोटे-मोटे इलेक्ट्रॉनिक आइटम्स को छोड़कर अब तक संपत्ति के नाम पर कुछ नहीं जुटा पाई। घर में कभी कोई सामान आता है तो वह अकसर उसके मालिकों की ओर से दिया गया गिफ्ट ही होता है। और इस हालात के पीछे लक्ष्मी के मुताबिक उसका पति है, जो कि शराबी है। आर्थिक रूप से कमजोर वर्ग के ज्यादातर घरों की यही कहानी है। लेकिन इनमें से कोई अपनी इन परेशानियों की वजह समझ नहीं पाता। पहचान नहीं पाता।

अब इस तसवीर का दूसरा पहलू देखते हैं। 'हार्वर्ड स्कूल ऑफ पब्लिक हेल्थ' की ओर से लक्ष्मी के जैसे ही कुछ परिवारों पर तीन महीने तक एक प्रयोग किया गया। इन परिवारों से कहा गया कि वे अपनी पूरी आमदनी एक जगह कहीं जमा कर दें। फिर एक डायरी बनाएँ। उसमें खर्च किए गए पैसों का हिसाब रखें। डायरी में नोट किए बिना एक पैसा भी खर्च न करें। इसी बीच अध्ययन करनेवाली टीम उन इलाकों में गई, जहाँ ये परिवार रह रहे थे। पता लगाया कि उस पूरे इलाके में कचरा उठाए जाने की क्या स्थिति है? ये परिवार गटर से कितनी दूरी पर रहते हैं? इन परिवारों में टॉयलेट की सुविधा है या नहीं? मच्छरों की स्थिति क्या है? इनके घरों की दीवारों में नमी है या नहीं? इन सभी फैक्टर्स से संबंधित आँकड़े

जुटाने के बाद एक अलग ही तसवीर सामने आई।

मालूम हुआ कि आम तौर पर छह सदस्योंवाले निम्न आय वर्गवाले परिवार अपनी आमदनी का 37 फीसदी हिस्सा दवाइयों पर खर्च कर देते हैं। बारिश के सीजन में खर्च का यह आँकड़ा 44 फीसदी तक पहुँच जाता है। इतने अधिक खर्च की बड़ी वजह यह है कि ये परिवार साफ-सुथरे इलाकों में नहीं रहते। खुद भी साफ-सफाई की ज्यादा परवाह नहीं करते। मसलन इनके मकान गटर के आस-पास होते हैं। घरों में मच्छरदानी का इस्तेमाल नहीं होता। कहीं भी थूकते रहते हैं। कहीं भी कचरा फेंक देते हैं। दवाओं के बाद इन परिवारों का सबसे ज्यादा खर्च किराने की दुकान पर होता है। करीब 22 फीसदी। ये परिवार थोड़ी-थोड़ी मात्रा में पूरे महीने फुटकर सामान खरीदते रहते हैं। इसके बजाय अगर ये लोग महीने के शुरू में अपनी जरूरत के हिसाब से लगनेवाले सामान की योजना बना लें और उसे थोक सामान बेचनेवाले से खरीदें तो इनके 15 दिन के खर्च का पैसा बच जाएगा। तीसरी बात, ये परिवार अपनी आमदनी का 18 फीसदी हिस्सा उधार लिये पैसे का कर्ज चुकाने में गँवा देते हैं। ज्यादा-से-ज्यादा 20,000 रुपए ही उधार लेते हैं। लेकिन इन्हें चुकाने की जब तक बारी आती है, कोई तीज-त्योहार या नई जरूरत आ पड़ती है और अपने खर्च के लिए इन्हें फिर उधार लेना पड़ता है।

यानी आर्थिक रूप से मजबूत देश के तौर पर भारत के सफर को सिर्फ वैश्विक वित्तीय मुद्दों से ही चुनौती नहीं है, देश के भीतर के कई मसले भी इस सफर में रोड़ा हैं। खासतौर पर स्वास्थ्य के क्षेत्र में खराब हालात। हार्वर्ड स्कूल के अध्ययन में ही एक और अनुमान जताया गया है। इसके मुताबिक सन् 2012 से 2030 के बीच गैर-संक्रामक बीमारियों (एनसीडी) के इलाज आदि की वजह से ही भारत पर 6.2 लाख करोड़ डॉलर (इस रकम को रुपए में तब्दील करना भी मुश्किल है।) का आर्थिक बोझ आ चुका होगा। पिछले 19 साल में इस पर जितना खर्च हुआ, उससे नौ गुना ज्यादा। एनसीडी में मुख्य तौर पर दिल से जुड़ी बीमारियाँ, डायबिटीज, कैंसर, सालों पुरानी साँस संबंधी बीमारियाँ आदि शामिल हैं। दुनिया भर में ये बीमारियाँ युवाओं की मौत की भी एक बड़ी वजह हैं। मतलब लक्ष्मी तो महज एक उदाहरण है। उसके जरिए हम यह बताने की कोशिश कर रहे हैं कि हमारे देश में अगर सबसे ज्यादा किसी मुद्दे पर सतर्क रहने की जरूरत है तो वह है स्वास्थ्य का। नहीं तो हम सब की सामूहिक आमदनी का बड़ा हिस्सा सिर्फ बीमारियों से निपटने में ही बरबाद होता रहेगा। जो अब भी हो ही रहा है।

फंडा यह है कि आपको पता होना चाहिए कि आपका पैसा कहाँ जा रहा है! अगर कहीं फिजूल खर्च हो रहा है तो उसे रोकने की कोशिश कीजिए। चूँकि स्वास्थ्य एक बड़ा मुद्दा है, इसलिए इस गणेश चतुर्थी पर संकल्प कीजिए कि हम इसे हलके में नहीं लेंगे। इसे पूरी अहमियत देते हुए इसके प्रति सजग रहेंगे। खुद बुद्धि के दाता भगवान् गणेश भी यही चाहते हैं कि उनके भक्त बुद्धिमान बनें। स्वस्थ और प्रसन्न भी। गणेश चतुर्थी की शुभकामनाएँ।

□

न्याय न मिलने का बहाना गरीबी नहीं हो सकती

मार्च 2013 में सुमन पाणिग्रही 10वीं की परीक्षा में बैठते हुए बेहद खुश था। सुमन ही नहीं, ओडिशा में भद्रक जिले के मधुसुंदरपुर में रहनेवाला उसका पूरा परिवार खुश था। इसलिए नहीं कि बोर्ड की परीक्षा में बैठना कोई बड़ा काम था, बल्कि इसलिए कि जिस परिवार से वह आता है, वह बेहद गरीब है। मजदूरी करके रोज कमाने-खानेवाले इस परिवार में किसी बच्चे का हर कक्षा में लगातार 85 फीसदी के करीब नंबर लाते हुए यहाँ तक पहुँचना बड़ी बात थी। परिवार के दो बच्चों में सुमन बड़ा है। उससे छोटी एक बहन है, जो स्थानीय स्कूल में छठी कक्षा में पढ़ती है। परीक्षा के बाद गरमियों की छुट्टियों में सुमन ने इंजीनियरिंग की प्रवेश परीक्षा की तैयारी शुरू कर दी। वह वसुदेवपुर के अटल बिहारी कॉलेज में एडमिशन लेना चाहता था। उसके घर से यह कॉलेज सिर्फ 11 किलोमीटर की दूरी पर है। वह कभी-कभी तो शाम को साइकिल पर कुछ ही देर में इस कॉलेज तक पहुँच जाता। कुछ देर कॉलेज के सामने खड़ा रहता और फिर घर लौट आता। ऐसा करके शायद वह अपने भविष्य की तैयारी कर रहा था। उसके परिवार की भी इच्छा थी कि 12वीं की परीक्षा पास करने के बाद उसका किसी बेहतर कॉलेज में एडमिशन हो। लेकिन उसको अपनी किस्मत का तो भान ही नहीं थी।

सुमन का जब रिजल्ट आया तो मार्कशीट देखकर वह हिल गया। 'बोर्ड ऑफ सेकेंडरी एजुकेशन', ओडिशा ने उसे गणित में सिर्फ छह नंबर देकर फेल कर दिया था। सुमन के माता-पिता को भी गहरा धक्का लगा। चिंता भी हुई कि कहीं 15 साल का उनका बच्चा कोई आत्मघाती कदम न उठा ले! उसके पिता को उनके

साथियों से मुफ्त में सलाह मिलने लगी। वे कहने लगे कि इस देश में गरीबों को कभी न्याय नहीं मिलता। बेहतर होगा कि सुमन को पढ़ाई छुड़वाकर काम पर लगा दिया जाए। सुमन और उसके पिता को मार्कशीट पर भरोसा नहीं हो रहा था। उन्होंने सुमन के टीचर से सलाह की। उनके कहने पर पुनर्मूल्यांकन के लिए आवेदन किया। लेकिन बोर्ड ने फिर पहले की तरह ही नंबर दिए। लेकिन उनकी लड़ाई खत्म नहीं हुई। पिता-पुत्र ने हाईकोर्ट का दरवाजा खटखटाया। हाईकोर्ट के आदेश पर जब सुमन की कॉपी दोबारा चैक की गई तो पता चला कि उसको गणित में छह नहीं बल्कि 89 नंबर मिले हैं। आखिरकार, उसे कुल 600 में 495 नंबरों और 82.5 प्रतिशत के साथ फर्स्ट डिवीजन में पास घोषित किया गया।

अब सुमन के सामने अगली चुनौती मुँह खोले खड़ी थी। उसने 11वीं में एडमिशन के लिए कई संस्थानों में आवेदन किया। लेकिन अब तक इतनी देर हो गई थी कि 8सबकी सीटें भर चुकी थीं। सभी संस्थानों के दरवाजे सुमन के लिए बंद हो चुके थे। सुमन और उसके परिवार के पास ऐसी हालत में फिर हाईकोर्ट की शरण में जाने के अलावा कोई उपाय नहीं था। उन्होंने फिर याचिका लगाई। इस बार कहीं एडमिशन के लिए नहीं बल्कि बोर्ड से हर्जाना वसूलने के लिए। बोर्ड की गलती की वजह से सुमन का साल खराब हो चुका था। पूरे परिवार को जो मानसिक यातना मिली, वह अलग। इसके लिए बोर्ड पर पाँच लाख रुपए का दावा ठोका गया था। सुमन के 41वर्षीय पिता सरत पाणिग्रही को मुकदमेबाजी के लिए अपनी 76 डेसिमल जमीन बेचनी पड़ी। तब कहीं जाकर केस पर खर्च हुए 2.5 लाख रुपए वे जुटा पाए। हाईकोर्ट ने 4 सितंबर, 2013 को फैसला दिया। उसने माना कि बोर्ड ने लापरवाही की है। आदेश दिया कि पीड़ित और उसके परिवार को मुआवजे के तौर पर बोर्ड तीन लाख रुपए अदा करे। हालाँकि जस्टिस बी.एन. महापात्र की बेंच ने बोर्ड से यह भी कहा कि वह मुआवजे की रकम लापरवाही के लिए जिम्मेदार अधिकारियों से वसूले; क्योंकि उन्हीं के गैर-जिम्मेदाराना रवैए के कारण पीड़ित के कॅरियर को नुकसान पहुँचा है।

फंडा यह है कि गरीबी किसी को भी न्याय पाने से नहीं रोकती। अगर कोई अन्याय के बावजूद चुप है तो यह सिर्फ उसकी अज्ञानता की वजह से ही है। अगर आप अपने अधिकारों के प्रति जागरूक हैं तो कोई भी रसूखदार, कोई भी बाहुबली, आपको दबा नहीं सकता।

□

अगर आप हकदार हैं तो दुनिया आपकी मदद करेगी

पहली कहानी—जापान की टोक्यो यूनिवर्सिटी के प्रतिनिधियों ने इसी बुधवार को पटना के नामी कोचिंग इंस्टीट्यूट 'सुपर-30' का दौरा किया। उन्होंने इस संस्थान के संस्थापक आनंद कुमार से आग्रह किया कि वे अपने कम-से-कम दो छात्रों को उनकी यूनिवर्सिटी में अंडर ग्रेजुएट प्रोग्राम के लिए जरूर भेजें। इस मामले में बच्चों का पूरा खर्च यूनिवर्सिटी उठाएगी। इस टीम के लीडर थे हिरोशी योशीनो। वे यूनिवर्सिटी में 'इंडिया ऑपरेशन विभाग' के डायरेक्टर हैं। उन्होंने 'सुपर-30' के छात्रों से बातचीत भी की। उन्होंने बताया कि यूनिवर्सिटी ऑफ टोक्यो को 'ग्लोबल कैंपस' के तौर पर विकसित करने की कोशिशें जारी हैं।

हाल में ही यूनिवर्सिटी में इंग्लिश विषय का नया अंडरग्रेजुएट प्रोग्राम शुरू हुआ है और वे चाहते हैं कि भारत से ज्यादा-से-ज्यादा स्टूडेंट्स यूनिवर्सिटी के प्रोग्राम्स में शामिल हों। खासकर बिहार से, जो कि भगवान् बुद्ध की जन्मभूमि है। जापान की अलग-अलग यूनिवर्सिटियों में विभिन्न देशों के करीब 1.4 लाख छात्र पढ़ते हैं। लेकिन इनमें से भारतीयों की संख्या सिर्फ 500 है। टोक्यो यूनिवर्सिटी में 42 भारतीय पढ़ते हैं। जापान सरकार का लक्ष्य है कि अगले कुछ सालों में भारतीयों सहित अन्य सभी देशों के छात्रों की संख्या तीन लाख तक ले जाए। टोक्यो यूनिवर्सिटी ने इस साल 100 भारतीयों को एडमिशन देने का लक्ष्य रखा है। इनमें लड़कियों को प्राथमिकता दी जाएगी। इसीलिए यूनिवर्सिटी का प्रतिनिधिमंडल 'सुपर-30' आया था; क्योंकि यहाँ के स्टूडेंट्स की तैयारी बहुत अच्छी होती है।

दूसरी कहानी—मुंबई पुलिस को पता चला कि बॉलीवुड एक्टर गोविंदा शहर के मर्वे समुद्र तट पर अपनी फिल्म 'किल दिल' की शूटिंग कर रहे हैं। यशराज प्रोडक्शंस

की इस फिल्म की शूटिंग के लिए कोई औपचारिक अनुमति भी नहीं ली गई थी। मंगलवार को डेढ़ दिन के गणपति के विसर्जन का दिन था। बड़ी संख्या में लोग विसर्जन के लिए समुद्र तटों पर आनेवाले थे। पुलिस को लगा कि अगर लोगों ने गोविंदा को शूटिंग करते हुए देख लिया तो वे बेकाबू हो जाएँगे। ऐसे में उनके लिए एक नई चुनौती खड़ी हो जाएगी। लिहाजा पुलिस ने गोविंदा से आग्रह किया कि वे अपनी शूटिंग रोक दें। लेकिन गोविंदा सहयोग करने के बजाय पुलिसवालों को धमकाने लगे। कहने लगे कि वे लोकसभा सदस्य हैं। पुलिस को उनकी इज्जत करनी चाहिए। सिपाहियों के साथ गए इंस्पेक्टर को पता था कि गोविंदा अब लोकसभा के सदस्य नहीं हैं। इसलिए उसने थोड़ी सख्ती दिखाते हुए गोविंदा और उनकी टीम से कहा कि वे जल्द-से-जल्द सामान समेट लें। लेकिन गोविंदा भी कहाँ माननेवाले थे! उन्होंने मुंबई पुलिस कमिश्नर सत्यपाल सिंह को फोन लगा दिया। उनसे कुछ दूर जाकर बात की और फिर अपना मोबाइल इंस्पेक्टर को थमा दिया। बोले, 'मैंने आपके बॉस से बात कर ली है। अब आप उनका आदेश सुनिए।' लेकिन दूसरी तरफ पुलिस कमिश्नर ने इंस्पेक्टर से कहा, 'कानून के हिसाब से आपको जो काररवाई करनी हो, कीजिए।' इंस्पेक्टर ने जवाब दिया, 'यस सर, थैंक यू।' गोविंदा सिर्फ इंस्पेक्टर का जवाब ही सुन सके। वे खुश हो गए, इस उम्मीद के साथ कि अब वह इंस्पेक्टर उनके साथ इज्जत से पेश आएगा और उनकी बात मानेगा। लेकिन यह क्या? इंस्पेक्टर तो उन्हें धमकी दे रहा था। उसने गोविंदा और उनकी टीम से कहा, 'जितनी जल्दी हो सके, अपना सामान समेट लो, नहीं तो सबको गिरफ्तार कर लिया जाएगा।' गोविंदा का चेहरा देखने लायक था। लेकिन वे तब भी नहीं माने। उन्होंने कई जगह फोन घुमाए। मंत्रालय में भी लगाया। लेकिन हर जगह से एक ही जवाब मिला, 'अगर पुलिस कमिश्नर कुछ नहीं कर सकते तो हम भी कुछ नहीं कर पाएँगे।' आखिर थक-हारकर उन्हें और उनकी टीम को वह जगह छोड़नी पड़ी। बाद में वे पूरे दिन मीडिया को यह सफाई देते फिरे कि उन्होंने जान-बूझकर अपनी शूटिंग रद्द कर दी है; क्योंकि उनके घर पर पूजा है। उन्होंने यह भी कहा कि उनके और पुलिस के बीच कुछ गलतफहमी हो गई थी, जो बाद में दूर हो गई।

फंडा यह है कि अगर आप हकदार हैं, पात्र हैं, तो दुनिया के न जाने किस हिस्से से आपकी मदद के लिए कोई-न-कोई आगे आ जाएगा, ताकि आप अपना लक्ष्य हासिल कर सकें।

□

जिंदगी में लगातार सीखते रहना चाहिए

दूर से देखने पर वह एक स्कूल की लैबोरेटरी की तरह लगता है। लेकिन अंदर आधुनिक रसोई के सभी साजो-सामान और घरेलू उपयोग में काम आनेवाला सामान रखा है। वैक्यूम क्लीनर, राइस कुकर, इंडक्शन कुकर, वाशिंग मशीन, रोटी मेकर, फूड प्रोसेसर, फ्रूट जूस प्रोसेसर, बेकिंग मशीन, माइक्रोवेव, ब्लेंडर, मिक्सर आदि सबकुछ है वहाँ। नामी कंपनियों के सभी तरह के हाउसहोल्ड प्रोडक्ट। हर प्रोडक्ट के साथ एक टेक्नीशियन भी, जो वहाँ आई महिलाओं को उनके बारे में बता रहा था। उन्हें इस्तेमाल करने का तरीका बता रहा था और वे सभी महिलाएँ वहाँ उन टेक्नीशियंस के दिशा-निर्देशों को ध्यान से सुन रही थीं। यहाँ आई महिलाओं के लिए ये इलेक्ट्रॉनिक हाउसहोल्ड उपकरण नए नहीं थे। कई घरों में उन्होंने इन्हें देखा था, लेकिन उन्होंने इन्हें कभी इस्तेमाल नहीं किया था। इनमें से कई तो ऐसी भी थीं, जो इन उपकरणों के नाम भी ठीक तरह से नहीं जानती थीं, न ही ये कि इनका इस्तेमाल किस काम के लिए होता है। लेकिन उनमें जानने की जिज्ञासा जरूर थी। इसीलिए वे यहाँ आई थीं।

जी हाँ! अब तक आप शायद अंदाजा लगा चुके होंगे कि जिन महिलाओं का जिक्र यहाँ किया जा रहा है कि वे सभी घरेलू काम-काज करनेवाली नौकरानियाँ हैं। और आपकी जानकारी के लिए बता दें कि ये अपने काम की प्रोफेशनल ट्रेनिंग लेने के लिए कोर्स करने आई हैं। यह कोर्स नासिक की 'यशवंतराव चव्हाण ओपन यूनिवर्सिटी' ने शुरू किया है। इस कोर्स के तहत प्रशिक्षण लेनेवाली महिलाओं को तीन भाषाओं में बोलना सिखाया जाता है। अंग्रेजी, मराठी और हिंदी। साथ ही घरेलू उपयोग के आधुनिक उपकरणों को इस्तेमाल करना भी सिखाते हैं। निश्चित रूप से इस कोर्स का मकसद इन महिलाओं में आत्मविश्वास बढ़ाना भी है।

महाराष्ट्र में घरेलू काम-काज करनेवाली महिलाओं की तादाद करीब 17 लाख है। इस कोर्स की फीस सिर्फ 1,000 रुपए है। इस कोर्स को डिजाइन किया है

डॉ. रूपा बोधि कुलकर्णी ने। वे नागपुर के 'विदर्भ मोलकारिन संगठन' की अध्यक्ष हैं। 'महाराष्ट्र डोमेस्टिक वर्कर्स वेलफेयर बोर्ड' की सदस्य भी। वैसे उन्होंने यह कोर्स 25 साल पहले तैयार किया था, लेकिन उसे लागू करने का मौका अब मिला है। इस कोर्स का अब तक परीक्षण सफल रहा है। औपचारिक तौर पर इसकी नियमित शुरुआत मुंबई, नासिक, पुणे और नागपुर में अक्तूबर से होगी। महत्त्व की बात है कि यह कोर्स महिला और पुरुष दोनों के लिए है। जो भी इसके लिए खुद को रजिस्टर कराएँगे, उन्हें कुल फीस में सिर्फ 100 रुपए ही देने होंगे। बाकी 900 रुपए 'महाराष्ट्र डोमेस्टिक वर्कर्स वेलफेयर बोर्ड' की ओर से दिए जाएँगे। कोर्स करनेवालों को क्लासरूम में आना अनिवार्य नहीं है। उन्हें सुविधा दी गई है कि वे सप्ताह के अंत में, छुट्टी के दिनों में या जब उन्हें सुविधा हो, प्रैक्टिकल ट्रेनिंग ले सकते हैं। कोर्स में महत्त्व भी सबसे ज्यादा प्रैक्टिकल ट्रेनिंग का ही है। यहाँ यह बताना भी लाजिमी है कि कोर्स शुरू करने से पहले पूरे राज्य में बाकायदा सर्वे किया गया। इसमें जाना गया था कि घरेलू काम-काज करनेवाले अपने पेशे में किस तरह की चुनौतियों से जूझ रहे हैं। इस कोर्स से घरेलू काम-काज करनेवालों को एक और फायदा होगा। वे अब तनख्वाह के तौर पर ज्यादा पैसे माँग सकेंगे। उनकी आमदनी के साथ पेशेवर स्किल बढ़ेगी तो जाहिर तौर पर समाज में उनका सम्मान भी बढ़ेगा।

आजकल ज्यादातर परिवार एकल हो चुके हैं। इनमें भी अधिकांश में पति-पत्नी दोनों काम-काजी होते हैं। उनके पास घर के कामों के लिए समय नहीं होता। उन्हें घर के काम-काज के लिए मदद की जरूरत होती है। खासकर, ऐसे पुरुष या महिला की, जो उनके घरों में मौजूद घरेलू इलेक्ट्रॉनिक उपकरणों को आसानी से हैंडल कर सकें और जो बात-व्यवहार में भी अच्छे हों। उनकी ये जरूरतें नया कोर्स निश्चित रूप से पूरी करेगा। उनकी अपेक्षाओं के हिसाब से घरेलू काम-काज करनेवाले पुरुष और महिलाओं को तैयार करेगा। इससे दोनों पक्ष लाभ में रहेंगे।

फंडा यह है कि सीखने का कभी अंत नहीं होता। न तो किसी काम में और न किसी पद पर पहुँचकर। अगर आप अपने आपको अपग्रेड करते रहते हैं तो आपकी तरक्की भी लगातार होती रहेगी। महाराष्ट्र में जो पहल हुई है, उसे दूसरे राज्यों के इंस्टीट्यूट भी अपना सकते हैं।

□

कुछ राज्य शिक्षा कारोबार में ला रहे हैं फूड कल्चर

यदि आप गणित से बोर हो रहे हों और ऐसे में कोई राय दे कि आप सामान्य विषय की बलि दिए बिना 'सौंदर्य' का अध्ययन करने लगें तो आपकी फौरी प्रतिक्रिया क्या होगी? आप या तो यह सोचेंगे कि अगर वास्तव में ऐसा संभव हुआ तो निश्चित ही आप नई शिक्षा व्यवस्था का हिस्सा बनना चाहेंगे। या फिर आप यह भी सोच सकते हैं कि यह जानकारी देनेवाला व्यक्ति मुझे मूर्ख बना रहा है।

कॉलेज में दाखिला लेनेवाले उन फ्रेशर के पास विषय चुनने का विकल्प होगा, जो जीव विज्ञान या गणित से घबराते हैं। यहाँ तक कि ब्यूटी या हेल्थकेयर भी इन विषयों में शामिल हो सकते हैं। कई व्यावसायिक विषयों को छात्र 'दोयम दर्जे' का समझ उसका अध्ययन करने से डरते हैं।

नियमित पढ़ाई के साथ व्यावसायिक पाठ्यक्रमों के मेल की हरियाणा सरकार की पहल पर कर्नाटक भी जल्द अमल करनेवाला है। राज्य में नियमित विषयों के साथ वोकेशनल कोर्सेस को शामिल किया जाएगा। छात्र गणित या जीवविज्ञान के बदले रोजगारोन्मुखी विषयों में से कोई भी विषय चुन सकेंगे। सितंबर से साइंस, आर्ट्स और कॉमर्स के नियमित कोर्सेस के साथ वोकेशनल कोर्सेस लेने का विकल्प होगा। यह कदम राज्य के छह लाख छात्रों के भविष्य के लिए बड़ा बदलाव हो सकता है।

उदाहरण के लिए—विज्ञान के किसी भी छात्र को जूनियर कॉलेज के दो वर्षीय पाठ्यक्रम में भौतिकी, रसायन और दो भाषाओं के साथ गणित या जीव विज्ञान पढ़ना होता है। डॉक्टर या इंजीनियर बनने के लिए भौतिकी और रसायन

पढ़ना अनिवार्य है। लेकिन दूसरे विषय प्रोफेशनल कोर्स के द्वार नहीं खोलते हैं, इसीलिए वोकेशनल कोर्सेस का विचार आया है। इसमें छात्र गणित या जीव विज्ञान के बदले ऑटोमोबाइल्स, इनफॉर्मेशन टेक्नोलॉजी, हेल्थकेयर, ब्यूटी ऐंड वेलनेस, सिक्यूरिटी ऐंड रिटेल में से कोई विकल्प चुन सकेंगे।

शुरू में ये पाठ्यक्रम 100 सरकारी कॉलेज में शुरू किए जाएँगे और इसे शीघ्र निजी सहायता प्राप्त तथा गैर-सहायता प्राप्त कॉलेजों में भी शुरू किया जाएगा। छात्रों को लिखित परीक्षा के साथ प्रैक्टिकल में भी शामिल होना होगा। पाठ्य-सामग्री भी तैयार की जा रही है। योजना के तहत धीरे-धीरे नौवीं और दसवीं में भी क्राफ्ट कक्षाओं की जगह वोकेशनल कोर्सेस लागू किए जाएँगे। इसे लेनेवाले छात्रों को उनके बोर्ड और इंडस्ट्री की ओर से दोहरे प्रमाण-पत्र मिलेंगे। इसके लिए सामग्री तैयार करने और फैकल्टी को ट्रेनिंग देने की जिम्मेदारी इंडस्ट्री के जिम्मे होगी। योजना एक हजार घंटों के सात स्तर के प्रमाण-पत्र पाठ्यक्रमों की है। इनमें व्यावसायिक दक्षता पर आधारित तय घंटों के मॉडल्स होंगे और शेष सामान्य सीख पर आधारित स्तर के होंगे। पाँच स्तर तक कोर्स करनेवाले को डिप्लोमा और सात स्तर पूरे करने पर डिग्री मिलेगी। इसमें छात्रों को सामान्य शिक्षा के साथ ही क्षमता आधारित दक्षता प्राप्त करने की सुविधा मिल सकेगी। उन्हें इसके लिए औपचारिक शिक्षा पद्धति में जाने की कोई जरूरत नहीं होगी। इसी तरह सामान्य शिक्षा पद्धति के छात्रों को वोकेशनल पद्धति में जाने की भी कोई जरूरत नहीं रहेगी। सरकार को भरोसा है कि वोकेशनल कोर्सेस कॉलेज शिक्षा का चेहरा बदल देंगे।

शिक्षा कारोबार का भविष्य 'मेनू कार्ड सिस्टम' की ओर जाते हुए दिख रहा है। जहाँ कोई भी छात्र आ सकता है और अपनी पसंद के विषय चुन सकता है। वह दिन दूर नहीं, जब कोई भी छात्र या छात्रा उसी तरह अपने पसंद की क्लास में जा सकेगा, जिस तरह आमिर खान फिल्म 'थ्री इंडियट्स' में जाते थे।

फंडा यह है कि कुछ राज्य पहले से ही शिक्षा को खाद्य कारोबार की तर्ज पर कारोबार के रूप में देख रहे हैं। छात्रों को अधिक-से-अधिक कॉम्बिनेशन और विषय-क्रम में विकल्प देकर उद्यमी ऐसे भविष्य की ओर देख रहे हैं, जहाँ शिक्षा मध्यम उम्र के लोगों को भी आकर्षित कर सके।

□

बड़ा मकसद चाहिए तो शहरी और ग्रामीण भारत साथ चलें

पहली कहानी—यह 13 मई, 2008 की घटना है। उस रोज राजस्थान के जयपुर में देर शाम एक के बाद एक, नौ बम धमाके हुए थे। पुराने शहर की चहारदीवारी के भीतर हुए इन धमाकों में 66 लोग मारे गए। करीब 277 घायल हुए। इस घटना के बाद पूरा शहर आतंक के खिलाफ और पीड़ितों की मदद के लिए उठ खड़ा हुआ। सभी घायलों को शहर के अलग-अलग अस्पतालों में भरती कराया गया। इनमें से 134 को छोड़कर बाकियों को जल्दी ही छुट्टी दे दी गई, क्योंकि वे मामूली तौर पर ही चोटिल थे। लेकिन इस घटना के घायलों में कई ऐसे भी थे, जो जिंदगी भर के लिए अपाहिज हो गए। अस्पतालों में जब बम धमाके के घायलों को लाया जा रहा था तो कई जगह बिस्तरों की कमी पड़ गई। उस वक्त पहले से भरती मरीजों ने उनके लिए बिना देर किए अपने बिस्तर छोड़ दिए। अस्पतालों के बाहर खून देने के लिए तैयार युवाओं की लाइनें लगी हुई थीं। इन सम्मिलित प्रयासों का नतीजा यह हुआ कि कई जिंदगियों को बचा लिया गया। रक्तदान करना हमेशा से इसी तरह का जिंदगी बचानेवाला काम है।

हमारे देश में एक बड़ी समस्या है, संतान को जन्म देते समय महिलाओं को खून नहीं मिल पाना। इसके कारण हजारों माताएँ अपनी जिंदगी खो देती हैं। सिर्फ माताएँ ही नहीं, बल्कि उनके पेट में पल रही संतान भी खून न मिल पाने की वजह से काल के गाल में समा जाती है। एक माँ को खो देने से पूरा परिवार परेशानी उठाता है, वह अलग। हमारा छोटा सा योगदान-रक्तदान, इस समस्या को काफी हद तक नियंत्रित कर सकता है।

दूसरी कहानी—राजस्थान के ही मोमासर गाँव में साल में एक बार मेला सा लगता है। इसमें राज्य के कोने-कोने से संगीतकार आते हैं और स्थानीय लोगों के सामने अपनी कला का प्रदर्शन करते हैं। सुननेवाले भी अपनी ठेठ पारंपरिक ड्रेसों में होते हैं। स्थानीय कला, संगीत और परिधान (ड्रेसों) को प्रोत्साहित करने के लिए यह समारोह होता है। इसका बीड़ा उठाया है—जॉन एंड फेथ सिंह के द्वारा बनाए गए फाउंडेशन ने। इस गाँव को 'गिंधर' (होली महोत्सव) के लिए भी जाना जाता है। होली-महोत्सव में गाँव के आठ से 80 साल तक के सभी लोग एक साथ हिस्सा लेते हैं। यह गाँव डूंगरगढ़ तहसील का हिस्सा है, राजधानी जयपुर से 258 किलोमीटर की दूरी पर। लेकिन इस सबसे अलग 6 सितंबर को गाँव एक नई उपलब्धि अपने साथ जोड़ने जा रहा है। यहाँ शनिवार को रक्तदान शिविर लगाया जानेवाला है। गाँव के सरपंच जेठाराम भामू 'अखिल भारतीय तेरापंथ युवक परिषद्' के सहयोग से यह आयोजन हो रहा है। इसमें 156 छोटे-बड़े गाँव-कस्बों के लोग हिस्सा लेंगे। पूरे इलाके में 660 काउंटर लगाए जाएँगे। यहाँ लोग रक्तदान कर सकेंगे। आयोजन में शामिल हो रहे 18 गाँव तो ऐसे हैं, जहाँ के लोगों ने जीवन में कभी रक्तदान नहीं किया। न ही देखा, सुना। ऐसे आयोजन में शामिल होने की बात तो दूर है। पूरे इलाके की लगभग 16 फीसदी आबादी अब तक रक्तदान के लिए खुद को रजिस्टर करा चुकी है। रक्तदान की यह कवायद 'गिनीज बुक ऑफ वर्ल्ड रिकॉर्ड्स' में भी दर्ज हो सकती है। आयोजकों को आशा है कि इस दौरान एक लाख यूनिट खून इकट्ठा होगा।

इसके लिए 800 ब्लड बैंक, 1,500 डॉक्टर व लैब टेक्नीशियंस और 25,000 कार्यकर्ता तैनात किए गए हैं। ये सब 15 राज्यों से आए हैं। रक्तदान की हर किस्म की कवायद अब तक शहरों तक ही सीमित रहती थी। इस तथ्य के बावजूद कि भारत की बड़ी आबादी गाँवों में रहती है, लेकिन अब मोमासर के इस आयोजन से गाँवों की तरफ भी ध्यान जाएगा।

फंडा यह है कि बड़े मकसद को हासिल करने के लिए जरूरी है कि शहरी और ग्रामीण भारत को एक साथ लेकर चला जाए। किसी एक की भी अनदेखी का जो नतीजा होगा, उसे हम आनेवाले दिनों में बरदाश्त नहीं कर पाएँगे।

□

सरकारी नीतियों में दूरदृष्टि होनी ही चाहिए

गुड़गाँव में हर रविवार को करीब साढ़े चार किलोमीटर की सड़क सुबह सात से ग्यारह बजे तक के लिए बंद कर दी जाती है। इस दौरान यहाँ मोटर व्हीकल यानी कार, जीप आदि नहीं चल सकतीं। लोग इस दौरान इस सड़क पर पैदल चलने या साइकिल चलाने का आनंद लेते हैं। अगर आपको लगता है कि सुबह-सुबह कौन पैदल चलना चाहेगा, तो आप गलत सोच रहे हैं। यहाँ पर पैदल चलनेवालों की तादाद करीब 20,000 के आस-पास होती है। यह सिलसिला करीब एक साल से जारी है और इस आयोजन को 'राहगीरी' नाम दिया गया है।

गुड़गाँव की इस सफलता से प्रेरित होकर मुंबई में भी इसी तरह का आयोजन शुरू होनेवाला है। इस महीने के आखिर में शायद शुरुआत हो जाएगी। और यहाँ भी हर रविवार यह आयोजन होगा। बांद्रा में मुंबई का सड़क का एक तय हिस्सा ब्लॉक कर देंगे। वहाँ भी निर्धारित वक्त पर मोटरगाड़ियाँ नहीं चल पाएँगी और लोग इस दौरान साइकिलिंग और पैदल चलने का आनंद लेंगे। ये दोनों घटनाएँ असल में खतरे की घंटी हैं। सरकारी योजनाओं/नीतियों के लिए, जहाँ पैदल चलने या साइकिल चलानेवालों को कभी ध्यान में ही नहीं रखा जाता।

वास्तव में इन दोनों शहरों को इस तरह की पहल करने का विचार कोलंबिया के शहर बोगोटा से मिला है। वहाँ करीब 20 लाख लोग साइकिल का इस्तेमाल करते हैं। सप्ताह के अंत में मोटरगाड़ियाँ पूरी तरह सड़कों पर प्रतिबंधित सी हो जाती हैं। पार्कों और ऐसे ही अन्य सार्वजनिक स्थलों पर स्टेज सज जाते हैं। वहाँ योग और संगीत के कार्यक्रम होते हैं। लेकिन हम अपने देश की बात करें तो यहाँ सभी नियम-कानून सड़कें बनाने के पक्ष में हैं। लेकिन फुटपाथ बनाने का कहीं ज्यादा जिक्र नहीं मिलता। चर्चाओं में भी इस विषय को अहमियत नहीं मिलती।

नियम-कायदों को गौर से देखें तो पता चलता है कि उनमें सड़कों के बारे में पर्याप्त प्रावधान हैं। मसलन, सड़क कितनी चौड़ी बनाई जानी चाहिए, इसके लिए कच्चा माल किस क्वालिटी का हो। पर फुटपाथ या इस पर चलनेवालों के लिए इनमें कुछ नहीं कहा गया है। शायद इसीलिए जहाँ कहीं भी फुटपाथ की शक्ल जैसे कुछ निर्माण हुए भी हैं, वे 100 मीटर भी समतल नहीं मिलते। थोड़ी-थोड़ी दूर पर ही कोई-न-कोई अवरोध या ऊँच-नीच मिल जाती है। यानी आप कह सकते हैं कि नियम-कायदों में फुटपाथ परिवार के उपेक्षित बच्चे की तरह हैं।

यह सब इस तथ्य के बावजूद है कि दुनिया में सिर्फ आठ फीसदी लोग ही मोटरगाड़ियों का इस्तेमाल करते हैं। यह विश्व बैंक की एक रिपोर्ट कहती है। मोटरगाड़ियों का इस्तेमाल करनेवालों में बसों, ट्राम, कार आदि से चलनेवाले सभी तरह के लोग शामिल हैं। करीब 55 फीसदी आबादी, पूरी दुनिया में ऐसी है, जो आज भी पैदल ही चलती है। यही वजह है कि विकसित देशों में नगरीय निकायों के बजट का 30 फीसदी पैदल चलनेवालों के लिए रखा जाता है। माना जाता है कि सुविधा हो तो लोग खुद-ब-खुद पैदल चलने को प्राथमिकता देने लगते हैं। लेकिन भारत में ऐसा नहीं होता। यहाँ नगरीय निकाय अपने बजट का ज्यादातर हिस्सा शहर के भीतर सड़कें बनवाने में ही लगा देते हैं। इससे मोटरगाड़ियों से चलनेवालों को तो मदद मिल जाती है, लेकिन पैदल चल रहे लोगों को अपने ही जोखिम पर चलना होता है। दिल्ली, मुंबई जैसे शहरों में भी महज 14 और 16 फीसदी लोग ही कारों का इस्तेमाल करते हैं। दिल्ली में 34 और मुंबई में 55 फीसदी लोग अपने विभिन्न काम-काज के लिए पैदल ही आते-जाते हैं। इस जानकारी को खुद केंद्रीय शहरी विकास मंत्री एम. वेंकैया नायडू ने सार्वजनिक किया है। दिलचस्प है कि नायडू पैदल चलनेवालों के लिए बेहतर व्यवस्थाएँ करने के पक्ष में हैं। वे शहरों में अच्छी क्वालिटी के चौड़े और समतल फुटपाथ बनाने पर जोर दे रहे हैं, ताकि पैदल चलनेवालों को प्रोत्साहित किया जा सके। उन्होंने 'दिल्ली विकास प्राधिकरण' के साथ हाल में ही बैठककर इस दिशा में योजनाएँ तैयार करने की शुरुआत भी कर दी है। यानी संकेत तो अच्छे हैं। देखते हैं, आगे क्या होता है!

□

सभ्य समाज में गलती सुधारने का एक मौका मिलना ही चाहिए

विकास दिल्ली में रहते हैं। वे रोज खाकी ड्रेस पहनकर एक ऑटोमोबाइल मैन्यूफैक्चरिंग यूनिट में काम करने निकल जाते हैं। यह यूनिट 'मिंडा फुरुकावा इलेक्ट्रिक' (एमएफई) चलाती है। यह एक ज्वॉइंट वेंचर है। इसमें भारत का अशोक मिंडा ग्रुप जापान की फुरुकावा इलेक्ट्रिक साझीदार हैं। अशोक ग्रुप ऑटोमोबाइल कंपोनेंट का लीडिंग सप्लायर है। इसका सालाना टर्नओवर लगभग 3,000 करोड़ रुपए के आस-पास है। इस यूनिट में विकास की आठ घंटे की शिफ्ट होती है। इस दौरान वे वायर कंपोनेंट बनाते हैं। उनके सामने चुनौती होती है, अच्छी क्वालिटी के सस्ते वायर कंपोनेंट बनाने की, क्योंकि उनकी यूनिट के कुछ 100 किलोमीटर की दूरी पर हरियाणा के बावल में एक और ऐसी ही फैक्टरी है। अतः प्रतिस्पर्धा हमेशा बनी रहती है। इसीलिए सर्टिफिकेशन से पहले विकास और उनके 30 दोस्त प्रोडक्ट को हर कसौटी पर परखते हैं। शाम को जब लौटते हैं तो विकास के भीतर गर्व का अहसास होता है अपने काम को लेकर। हो भी क्यों न? उनका चुनाव इस काम के लिए 12,000 लोगों के बीच से जो हुआ है। जब इसके लिए वैकेंसी निकली थी, तब उन्होंने एप्लाई किया था। उनका चुनाव चार वजहों से हुआ। पहली, जो जरूरी चीज थी, उनका पढ़ा-लिखा होना। दूसरी—उनकी कुशलता। तीसरी—उनकी तेज नजर, यह भी बेहद जरूरी थी। इसलिए, क्योंकि उन्हें काम के दौरान बेहद बारीक वायर कंपोनेंट को हैंडल करना था। चौथी और आखिरी चीज थी कि उन्होंने जेल की अपनी सजा अब तक कैसे काटी! यह सबसे अहम कसौटी थी। चौंक गए? आगे पढ़ते जाइए। जवाब मिलते जाएँगे। विकास की ही कंपनी की बावल फैक्टरी

में काम करनेवाले उनके दोस्त रोज शाम को शिफ्ट के बाद घर जाते हैं। लेकिन विकास को जेल की बैरक में लौटना पड़ता है। विकास एक संगीन जुर्म की सजा काट रहे हैं। उनके जुर्म का जिक्र करना यहाँ जरूरी नहीं है, क्योंकि हम दूसरे पहलू पर बात कर रहे हैं। एमएफई ने कॉरपोरेट सोशल रिस्पॉन्सिबिलिटी के तहत तिहाड़ जेल के साथ करार किया है। इसके तहत कंपनी तिहाड़ के 'अच्छे कैदियों' को ट्रेनिंग दे रही है, ताकि वे सजा काटने के बाद अच्छे नागरिक के तौर पर समाज में शामिल हों और सम्मानजनक तरीके से अपना जीवनयापन करें।

कंपनी अब तक 30 कैदियों को ट्रेंड कर चुकी है। जबकि योजना 250-300 कैदियों को ट्रेंड कर दो शिफ्ट में काम कराने की है। कंपनी की देश में 29 फैक्टरियाँ हैं। तिहाड़ के कैदियों की यूनिट इनमें से किसी से भी कम नहीं है। फिर चाहे वह प्रोडक्ट की क्वालिटी का मामला हो या फिर संख्या का। सुप्रीम कोर्ट का एक आदेश है। इसमें कहा गया है कि संगीन जुर्म की सजा काट रहे कैदियों को काम पर लगाया जाए। इसके तहत ही तिहाड़ जेल प्रशासन ने पहले-पहल कैदियों से बिस्किट, मिठाइयाँ, फर्नीचर आदि बनवाने शुरू किए। इन सब चीजों में ज्यादा निवेश की जरूरत नहीं होती। बिक भी आसानी से जाती हैं। लेकिन पहली बार इन कैदियों से ऐसा कोई काम कराया जा रहा है, जो आम तौर पर बड़ी फैक्टरियों में होता है। कैदियों से काम कराने में कंपनी को कई फायदे हैं। जैसे कि जेल में मजदूर यूनियनें सक्रिय नहीं होतीं। कैदियों के लिए यूनिट लगाने पर बिजली बेहद कम दर पर मिल जाती है। जमीन भी। वेतन भी आम कामगारों की तुलना में एक-तिहाई कम देना होता है। हालाँकि इस पहल की मजदूर यूनियनों ने निंदा की है। वे इसे 'बँधुआ मजदूरी' जैसा बताते हैं।...आलोचना अपनी जगह है। लेकिन यह भी सच है कि कैदी जब रिहा होंगे तो वे किसी के आसरे नहीं होंगे। उनके हाथ में कुशल कारीगरी होगी, जिसके दम पर वे अपने परिवार का पेट पाल सकेंगे।

फंडा...अगर कोई सुधरना चाहता है तो उसे एक मौका जरूर मिलना चाहिए।

□

हेल्दी लिविंग कॉन्सेप्ट से शहरी बन रहे हैं किसान

फेसबुक पर एक पेज है, नाम है 'ऑर्गेनिक गार्जन टेरेस'। इसे डॉ. विश्वनाथ कडूर ने बनाया है। इस पेज से दुनिया के 22,340 लोग जुड़े हैं। 10,012 सदस्य तो केवल बेंगलुरु से हैं, जिसे 'गार्डन सिटी' भी कहा जाता है। ये सभी बेहद शिक्षित और सरकारी तथा निजी क्षेत्र में उच्च पदों पर बैठे लोग हैं। बेहद व्यस्त दिनचर्या के बावजूद ये लोग बागवानी के लिए समय निकाल ही लेते हैं। ये आपस में गुँथी हुई एक छोटी सी कम्युनिटी है। ये अपने इस्तेमाल लायक सब्जियाँ और फल खुद ही उगा लेते हैं। ये लोग अपने अनुभवों और किसी चीज को कैसे उगाना है, उससे कैसे डिशेज बनानी है, यह सब जानकारी पोस्ट और तसवीरों के जरिए साझा भी करते हैं।

इन लोगों की डाली पोस्टें हर दिन बढ़ रही हैं। जो इस बात को साबित करती हैं कि कोई अगर चाहे तो अपनी आवश्यकता के मुताबिक सब्जियाँ और फल खुद ही उगा सकता है। उसे बाजार में मिलनेवाली पेस्टीसाइड से सराबोर सब्जियाँ या फलों पर निर्भर रहने की जरूरत नहीं है। इसमें सफलता पाने के लिए किसी को भी बस जरूरत है थोड़े से धैर्य और प्लानिंग की।

अपना खुद का बगीचा तैयार करने के कई अच्छे कारण हो सकते हैं। जिनमें सबसे प्रमुख है पेस्टीसाइड फ्री उत्पाद। मोटे तौर पर हिसाब लगाएँ तो 200 ग्राम सब्जी में औसतन 40 जहरीले रसायनों और कीटनाशक शामिल होते हैं। वहीं इस फेसबुक पेज से जुड़े लोगों का कहना है कि वे कीटों से बचाव के लिए सिर्फ नीम के तेल और मिर्ची-लहसुन के स्प्रे का इस्तेमाल करते हैं। वास्तव में ये सभी लोग

खेती–किसानी में माहिर भले ही न हों, लेकिन अपने प्रयासों से इन्होंने आत्मविश्वास जरूर पैदा किया है कि ये लोग जो सब्जियाँ या फल खा रहे हैं, वे पूरी तरह से सुरक्षित और ऑर्गेनिक हैं। जो लंबे समय में सेहत के लिहाज से बेहद फायदेमंद हैं।

पेज के फाउंडर कडूर 'गार्डन सिटी फार्मर्स ट्रस्ट' के अध्यक्ष भी हैं। यह संस्था लोगों को घरों में किचन गार्डन बनाने के लिए जागरूक और मदद करती है। इसके मुताबिक, ज्यादातर लोग रोजमर्रा में इस्तेमाल होनेवाले टमाटर, मिर्ची, धनिया, करी पत्ता, पालक और कई अन्य मौसमी सब्जियाँ उगाने में 15–20 फीसदी तक सक्षम हो जाते हैं। हालाँकि जगह और समय की कमी के कारण बड़ी जरूरत बाहर से ही पूरी होती है। लेकिन फिर भी शहरी लोगों को हेल्दी लिविंग की ओर ले जाने की दिशा में यह अच्छा कदम है।

इस मुहिम से जुड़े कई लोगों ने तो पूरी तरह से बागवानी करना भी शुरू कर दिया है, जिससे वे युवा होते बच्चों को बता सकें कि सब्जियाँ कैसे पैदा होती हैं? कुछ लोगों के लिए यह मेडिटेशन जैसा है, जिसमें उनके शरीर और दिमाग के साथ ही आत्मा की भी एक्सरसाइज हो जाती है। किचन गार्डनिंग के लिए 500 से 5000 स्क्वायर फीट जगह की जरूरत होती है। जहाँ वे कई तरह की सब्जियाँ उगा सकते हैं। 'गार्डन फारमर्स ट्रस्ट' भी इसमें लोगों की मदद करती है। दरअसल इसी पेज के कुछ लोगों ने मिलकर यह संस्था बनाई है, जिसमें हफ्ते भर की जरूरत के मुताबिक सब्जियाँ उगाने की जानकारी दी जाती है। उदाहरण के लिए, अगर किसी को हर हफ्ते आधा किलो बैंगन की जरूरत है तो इसके लिए बैंगन के सिर्फ तीन पौधे ही काफी होंगे।

फंडा यह है कि¨ हेल्दी लिविंग के लिए लोग लाइफ स्टाइल में बदलाव ला रहे हैं। धीरे-धीरे ही सही, लेकिन शहरी लाइफ स्टाइल में भी यह आदत पैठ बना रही है। वैसे संडे के हिसाब से भी हेल्दी लिविंग का फंडा एक अच्छा विचार है।

□

गलती तो गलती ही होती है, वह छोटी या बड़ी नहीं होती

वह शेर की तरह लड़ा। उसके साथी 72 घंटों तक सोए नहीं। यह युद्ध का मैदान नहीं था। 300 कमरोंवाला होटल था, जहाँ सात रेस्टोरेंट भी थे। उसे और उसकी टीम के सदस्यों को यह नहीं पता था कि अंदर कितने आतंकी हैं। वे सारे आतंकी पाकिस्तान से रेडियो के जरिए सीधी मदद पा रहे थे। उन्हें टीवी चैनलों के जरिए कमांडो, सेना और पुलिस के हर कदम की जानकारी मिल रही थी। यहाँ बात हो रही है उन एनएसजी कमांडो की, जो 26 नवंबर, 2008 को मुंबई के होटल 'ताज' में आतंकियों से लड़ रहे थे। इस पूरी लड़ाई में उन्होंने अपना सबसे बेहतरीन अफसर संदीप उन्नीकृष्णन खो दिया।

हवलदार जॉन पीजे ने भी मुंबई में हुए 'ऑपरेशन ब्लैक टॉरनेडो' में बहादुरी दिखाई। उन्होंने 'एंटी-टेररिस्ट ऑपरेशन' के दौरान जो तीन दिन बिताए, वे बेहद नारकीय थे। बाद में उन्हें बहादुरी के लिए एनएसजी के डीजीपी ने प्रशस्ति-पत्र देकर सम्मानित किया। इससे पहले वे पाकिस्तान के खिलाफ करगिल में भी लड़ चुके हैं। जॉन कर्नाटक के शिमोगा के निवासी हैं। वे सन् 1994 में मद्रास इंजीनियरिंग ग्रुप में थे। बाद में एनएसजी ज्वॉइन किया। 2012 में उन्होंने भारतीय सेना से रिटायरमेंट ले ली। इसके बाद उन्होंने राज्य सरकार के एक्साइज विभाग में सब-इंस्पेक्टर पद के लिए आवेदन किया। जून 2013 में लिखित परीक्षा पास कर ली। जुलाई 2014 में उन्हें मेडिकल/फिजिकल टेस्ट भी पास कर लिया। उन्होंने अपने दस्तावेज जाँच के लिए अगस्त 2014 में जमा किए। बस यहीं से शुरू हुई मुसीबत।

उनके जाति प्रमाण-पत्र में टाइपिस्ट ने एक अक्षर गलत टाइप कर दिया।

'जॉन पीजे' की जगह 'जॉन पीवी' लिख दिया। यह उनके पिता का नाम था। गलती पता चली तो उन्होंने उसे व्हाइट इंक से ठीक किया। लेकिन उसके सामने हस्ताक्षर करना भूल गए। जो अफसर जाति प्रमाण-पत्र जाँच रहा था, उसने इसपर सवाल उठाया। जॉन ने अपना आधार, पैन कार्ड और अन्य दस्तावेज भी दिखाए कि उनका नाम सही नहीं लिखा गया है। लेकिन अफसर ने यह कहकर खारिज कर दिया कि सरकारी नियमों के मुताबिक आपका प्रमाण-पत्र गलत है। सरकारी नौकरी के लिए उनकी उम्र जनवरी 2015 में खत्म हो जाएगी। उन्होंने अफसर से कहा कि मानवता के आधार पर उन्हें सर्टिफिकेट सही कराने के लिए कुछ समय दें। अफसर ने कहा कि 'नेम्माड़ी केंद्र' में जाकर सर्टिफिकेट सही करवा लो। 'नेम्माड़ी केंद्र' कर्नाटक सरकार का वह विभाग है, जहाँ से जाति/आय प्रमाण-पत्र जारी होते हैं।

जब जॉन तहसीलदार के पास पहुँचे तो उसने कहा कि उसके पास इसे ठीक करने के अधिकार नहीं हैं, क्योंकि सबकुछ ऑनलाइन होता है। हस्ताक्षर भी। उसने नया सर्टिफिकेट देने का प्रस्ताव दिया। लेकिन जॉन ऐसा कर नहीं सकते थे, क्योंकि रिक्रूटमेंट के नोटिफिकेशन में स्पष्ट लिखा था कि जाति प्रमाण-पत्र नोटिफिकेशन की तारीख से पहले का होना चाहिए। फिर अधिकारियों ने बताया कि जहाँ सफेद स्याही लगाई थी, वहाँ तहसीलदार के हस्ताक्षर करवा लो। जॉन दोबारा उसके पास गए तो उसने फिर मना कर दिया। उसने कहा कि लिखित में आदेश लेकर आओ। इसके बाद जॉन ने परेशान होकर लोकायुक्त जस्टिस सुभाष बी अदि के सामने अपनी समस्या लेकर गए। जस्टिस ने कमिश्नर को आदेश दिया कि जल्द-से-जल्द इनकी समस्या का समाधान हो। जॉन की देश के लिए की गई सभी कुरबानी तब तक खत्म हो चुकी थीं, जब तक जस्टिस अदि ने मामले को अपने हाथ में नहीं लिया।

फंडा यह है कि...गलतियाँ कभी छोटी या बड़ी नहीं होतीं। वे सिर्फ गलतियाँ होती हैं, आपकी एक छोटी से गलती किसी के लिए ताउम्र बड़ी समस्या का कारण बन सकती है।

□

सीखने की उम्र नहीं होती

कहानी 1—शंकुत्रयम (स्टंप्स), शंकुरध्वम (गिल्ली), ध्वनगतम (रन आउट) और पृष्ठ गृहीथम (कॉट बिहाइंड)। ये सभी शब्द संस्कृत भाषा के हैं। पिछले शनिवार तमिलनाडु के विभिन्न जिलों के 800 से भी ज्यादा विद्यार्थियों ने संस्कृत में क्रिकेट कमेंट्री की एक प्रतियोगिता के लिए पंजीकरण करवाया था। इस प्रतियोगिता का आयोजन 'चिन्मय मिशन' ने किया था। रोचक बात यह है कि ये तमाम विद्यार्थी उन स्कूलों से थे, जहाँ संस्कृत की पढ़ाई अनिवार्य नहीं है। इन विद्यार्थियों ने संस्कृत का ज्ञान अपनी रुचि के आधार पर अर्जित किया था। केंद्रीय मानव संसाधन मंत्री स्मृति ईरानी का संस्कृत को लेकर चाहे जो नजरिया हो, इन तमाम विद्यार्थियों ने संस्कृत में दी गई रनिंग कमेंट्री से वहाँ मौजूद लोगों को हैरत में डाल दिया। उन्हें एक अंतरराष्ट्रीय मैच के साइलेंट फुटेज को देखकर रनिंग कमेंट्री करनी थी। सुनने में या पढ़ने में संस्कृत के शब्द भले ही कठिन लगते हों, पर इन विद्यार्थियों ने सरल, सहज प्रवाह के साथ सुनाई गई कमेंट्री से सभी को प्रभावित किया। इसमें विजेता रहे तिरुनेलवेली जिले के अरुण एस वेंकटेश। अरुण को इनाम के तौर पर नकद राशि के अलावा मार्च 2015 में मेलबर्न में होने जा रहे वर्ल्ड कप को देखने का मौका मिल रहा है।

कहानी 2—बीते शनिवार से भुवनेश्वर की प्रेसीडेंसी यूनिवर्सिटी के 20 विद्यार्थी तीन दिनों की भूख हड़ताल पर चले गए थे। उनकी माँग थी कि वाइस चांसलर उन्हें सेमेस्टर परीक्षा में बैठने की मंजूरी दें। कम हाजिरी की वजह से उन्हें परीक्षा में बैठने नहीं दिया जा रहा था। वास्तव में ये 20 विद्यार्थी यूनिवर्सिटी के 160 विद्यार्थियों का प्रतिनिधित्व कर रहे हैं। क्लास में न जाने का इनका कारण था, पढ़ाने की लचर तकनीक, जिस वजह से उन्हें क्लास में जाने का मन ही नहीं करता। इस

पर यूनिवर्सिटी की दलील यह थी कि वहाँ ढाई हजार से भी ज्यादा विद्यार्थी हैं, भला ऐसे कैसे हो सकता है कि केवल 180 विद्यार्थियों को ही पढ़ाई का स्तर कमतर लगता हो? इन 180 विद्यार्थियों की अपनी कक्षाओं में मौजूदगी 50 फीसदी भी नहीं थी। यह यूजीसी के कम-से-कम 75 फीसदी हाजिरी के नियम के बराबर नहीं थी, बल्कि इनमें से कुछ की हाजिरी तो 10 फीसदी से भी कम थी, लेकिन इतने में भी उन्होंने यह पता कर लिया कि उनके शिक्षकों की पढ़ाने की तकनीक बेहतर नहीं है।

यूजीसी के नियमों के मुताबिक कोई भी विद्यार्थी तभी परीक्षा में बैठ सकता है, जब वह लेक्चर, ट्यूटोरियल, सेमीनार, प्रैक्टिकल आदि की न्यूनतम कक्षाओं में शामिल हुआ हो। चूँकि इन विद्यार्थियों ने हफ्ते में महज एक या दो लेक्चर ही अटेंड किए थे, इसी में उन्हें विषय को समझने में मुश्किल हुई। जबकि इसकी वजह उस विषय को पढ़ने में निरंतरता का अभाव था। इसी वजह से प्रशासन उनकी इस हरकत के बदले उन्हें किसी भी तरह की छूट देने के विरोध में था।

कहानी 3—न्यूयॉर्क में होव्स केव की एलीनॉर कनिंघम ने जॉर्ज डब्ल्यू बुश को भी पीछे छोड़ दिया है। पूर्व अमेरिकी राष्ट्रपति बुश ने अपना 90वाँ जन्मदिन स्काईडाइव कर मनाया था। वहीं कनिंघम ने अपना सौवाँ जन्मदिन मनाने के लिए स्काईडाइव किया। इसी के साथ वे स्काईडाइव करनेवाली दुनिया के सबसे बुजुर्ग प्रतिभागियों में अव्वल बन गईं। कनिंघम पोतियों के साथ सेंट्रल न्यूयॉर्क में स्कोहेयरी के कंट्री होम में रहती हैं। उनके डॉक्टर ने जब स्काईडाइविंग के लिए दस्तखत किए तो लिखा कि उनकी सेहत इस शौक को पूरा करने के लिए सभी जरूरी मानकों को पूरा करती है। कनिंघम ने स्काईडाइव के लिए अपना सूट पहनने से पहले 7 महीने की पड़पोती को चूमा। 90 बरस की उम्र में स्काईडाइविंग शुरू करने के बाद कनिंघम की सौवाँ जन्मदिन मनाने के लिए की गई यह तीसरी स्काईडाइविंग थी।

फंडा यह है कि···इस खूबसूरत दुनिया में सौ साल की उम्र भी किसी चीज को सीखने के लिए कम होती है। यह आपकी जिंदगी है और आपको ही तय करना है कि आप कब, क्या सीखना चाहते हैं? कुछ के लिए सौ साल की उम्र भी सीखने को कम पड़ती है और कुछ के लिए सीखना कभी शुरू ही नहीं होता।

□

कपड़े नहीं, आपका भरोसा बनाता है आत्म-विश्वासी

पहली कहानी—इस महीने की शुरुआत में पता चला कि एक ऑस्ट्रेलियन टीवी एंकर साल भर से एक ही कोट पहन रहा था। किसी भी दर्शक ने नोटिस नहीं किया, शिकायत भी नहीं की। ये हैं 'चैनल-9' के 'टुडे कार्यक्रम' के एंकर कार्ल स्टेफानोविक। इन्होंने 12 महीने तक लगातार नीला सूट पहना। उनके ड्रेसिंग सेंस को लेकर फैशन विश्लेषक और मीडिया भी बेसुध रहा। उन्होंने बताया कि लोग उनके इंटरव्यू, सेंस ऑफ ह्यूमर और उनके काम के तरीके से उनको मानते हैं, न कि कपड़ों की वजह से। उन्होंने बताया कि सिर्फ एक महिला सहयोगी सिल्विया जेफरी ने शिकायत की थी कि आपके सूट से थोड़ी दुर्गंध आ रही है। किसी ने भी 365 दिन में कभी इस बात को नोटिस नहीं किया।

दूसरी कहानी—करीब 15 दिन पहले जब सर्दी शुरू होने के कगार पर थी, तब मेरे एक प्रकाशक मित्र को बड़े अस्पताल के डॉक्टर से मिलना था। तो उसने डॉक्टर से समय लिया था ही वह विजिटर्स टाइम में जा सकता था। वह डॉक्टर से मिलने के तरीके सोच रहा था। उसने अपने ड्राइवर को कहा कि घर से उसका जैकेट ले आए। उसने जैकेट पहना और डॉक्टर के चेंबर में उनसे मिलकर चला आया। डॉक्टर ने भी उससे अपॉइंटमेंट के बारे में नहीं पूछा।

तीसरी कहानी—करीब साल भर पहले एक ट्रेनिंग प्रोग्राम में गया था। दो वरिष्ठ अधिकारियों को अलग-अलग कमरों में बुलाया गया। उन्हें पहनने को सफेद कोट दिया गया। साधारण तौर पर भारत में ऐसे कोट में डॉक्टर दिखते हैं या फिर विदेशों में इमारतों की पेंटिंग करनेवाले। दोनों कोट की गुणवत्ता और डिजाइन एक

समान थी। लेकिन दोनों के कॉलर के पीछे टैगिंग अलग-अलग थी। एक के पीछे विख्यात अस्पताल का टैग था, दूसरे पर प्रसिद्ध पेंट कंपनी का लोगो और नाम। उन्हें कहा गया था कि आपको यह कोट पहनकर उस अस्पताल और कंपनी के प्रतिनिधि की तरह एक्ट करना है। उन्हें बताया नहीं गया था, जबकि कि उनके साथ एक विशेष प्रयोग हो रहा था। वे अलग-अलग जगहों पर भीड़ में गए। वैसा ही किया, जैसा उन्हें करने को कहा गया था।

कुछ मिनटों के बाद उन्हें बुलाया गया। उनके कोट एक-दूसरे से बदल दिए गए। दोनों को यह नहीं बताया गया कि वे अलग-अलग किरदार निभा रहे थे। कोट बदलने के बाद डॉक्टर पेंटर की तरह बरताव करने लगा और पेंटर डॉक्टर की तरह। दोनों की बॉडी लैंग्वेज भी बदल गई थी। जो व्यक्ति पहले राउंड में डॉक्टर था, उसे बतौर पेंटर अपना डिमोशन महसूस हो रहा था। वहीं पेंटर डॉक्टर बनकर प्रमोटेड महसूस कर रहा था, जबकि दर्शकों को दोनों के कपड़ों में कोई अंतर नहीं दिखाई पड़ा, लेकिन दोनों के बरताव में उन्हें काफी अंतर देखने को मिला। वास्तविकता यह थी कि दोनों का भरोसा बदल गया था। पहले खुद को डॉक्टर महसूस कर रहे थे, बाद में पेंटर। अगर आप सफेद कोट पहनकर डॉक्टर का किरदार निभाएँ तो आप में आत्म-विश्वास बढ़ जाता है, जबकि पेंटर के साथ ऐसा नहीं हो पाता।

नॉर्थ-वेस्टर्न यूनिवर्सिटी के 'केलॉग स्कूल ऑफ मैनेजमेंट' में ऐसा ही अध्ययन किया गया था। इसमें उन्होंने बताया था कि कैसे कपड़ा आपके संज्ञानात्मक मानसिक प्रक्रिया पर असर डालता है। इस संस्थान के वैज्ञानिक सिर्फ यह प्रमाणित करना चाहते थे कि जब किसी व्यवसाय से संबंधित कपड़े पहनाए जाते हैं तो व्यक्ति के अंदर तत्काल उस काम से संबंधित बदलाव आ जाते हैं। वह उस काम में भरोसा करने लगता है। वह उस क्षमता को विकसित करता है, जो उस काम में जरूरी होती है।

फंडा यह है कि···अच्छे कपड़े पहनना जरूरी है, लेकिन इससे ज्यादा असर नहीं पड़ता। प्रभाव पड़ता है तो काम में आपके भरोसे, बॉडी लैंग्वेज और आत्म-विश्वास से।

□

बेहतर नतीजे चाहते हैं तो वर्कर्स का ट्रैवलिंग टाइम घटाएँ

अशोक कांबले और तुकाराम भिड़े की मुंबई के म्यूनिसिपल अस्पताल में हाल ही में बतौर वार्ड ब्वॉय नौकरी लगी है। दोनों अलग-अलग शिफ्ट में काम करते हैं। पूरे अस्पताल में उनकी बहुत माँग है। नौकरी लगे छह महीने ही हुए हैं, लेकिन दोनों डॉक्टरों, स्टाफ और मरीजों के बीच काफी पसंद किए जाते हैं। वे कड़ी मेहनत करते हैं, इसलिए पसंद नहीं किए जाते, बल्कि वे उस जगह को कभी छोड़ना नहीं चाहते, न ही इस अस्पताल से किसी अन्य अस्पताल में ट्रांसफर चाहते हैं। मुंबई में 16 म्यूनिसिपल जनरल अस्पताल, पाँच मैटरनिटी अस्पताल, 26 स्पेशियलिटी अस्पताल, 162 म्यूनिसिपल डिस्पेंसरी और 168 हेल्थ पोस्ट का नेटवर्क है। इसके अलावा राज्य सरकार का एक मेडिकल कॉलेज अस्पताल, तीन जनरल अस्पताल और दो हेल्थ यूनिट्स हैं। इन अस्पतालों में गरीबों का मुफ्त या बेहद कम पैसे में इलाज होता है इसके बावजूद कई लोग निजी सुविधाओं की तरफ जाते हैं। इसीलिए निजी अस्पताल सरकारी अस्पतालों के प्रभाव को कम कर देते हैं। मुंबई के सरकारी अस्पताल प्रतिदिन 20 हजार मरीजों का खयाल रख सकते हैं, जबकि निजी अस्पताल 22 हजार मरीजों का। नियम के मुताबिक, हेल्थ केयर स्टाफ का ट्रांसफर किसी भी सरकारी कार्यालय में जरूरत के अनुसार हो सकता है। लेकिन अशोक और तुकाराम चाहते हैं कि रिटायरमेंट तक इस जगह से उनका ट्रांसफर न हो। ये लोग अस्पताल से बेहद नजदीक रहते हैं। यहाँ ऐसी सुविधाएँ हैं, जो शायद मुकेश अंबानी को भी मुंबई में न मिलें। इस अस्पताल में काम करनेवाले सभी कर्मचारी 30 मिनट से ढाई घंटे तक अतिरिक्त काम करते हैं। इस समय में लोकल

ट्रेन बदलने का समय भी शामिल है।

अशोक और तुकाराम के बारे में जानने के बाद बृहन्मुंबई महानगरपालिका (बीएमसी) के अतिरिक्त कमिश्नर संजय देशमुख को कर्मचारियों के काम से ज्यादा परिणाम निकालने का विचार आया। उन्होंने नई नीति बनाई। इसके मुताबिक तृतीय और चतुर्थ श्रेणी के कर्मचारियों के दफ्तर आने में लगनेवाले समय को कम किया जाना था। इस योजना के तहत सबसे पहले जिन कर्मचारियों को फायदा हुआ, वे हैं—नर्स, वार्ड ब्वॉय और टेक्नीशियन। इन्हें वहाँ स्थानांतरित किया गया, जहाँ से उनका घर नजदीक हो। अशोक और तुकाराम को सबसे बड़ा फायदा यह था कि वे अपनी ऊर्जा, तनख्वाह का 10 से 12 फीसदी हिस्सा और समय बचा रहे हैं। अब वे यात्रा करने में लगनेवाले पैसों का उपयोग खाने-पीने के लिए करते हैं। इसलिए उनके उस अस्पताल में रहने की योजना को नगरपालिका के प्रशासनिक अमले में सराहा गया। बीएमसी के लिए यह मुश्किल है कि सभी लोगों को उनके नजदीकी अस्पताल में ट्रांसफर कर दे। इसलिए कुछ लोगों को नजदीकी मेडिकल केयर फैसिलिटी में ट्रांसफर किया गया। वह तीन मुख्य लोकल ट्रेन लाइन में से एक पर है। अब कर्मचारियों को एक ही लाइन पर यात्रा करनी होती है। उन्हें ट्रेन नहीं बदलनी पड़ती। अब अगला नंबर सिविक इंजीनियर्स का है। इस नई योजना में कोई नई सोच नहीं है कि कर्मचारी अगर घर के पास कहीं काम करते हैं तो उनसे ज्यादा काम लिया जा सकता है। लेकिन सरकारी नौकरी में इसका उपयोग पहली बार किया गया है। यह सच है कि तत्काल सभी कर्मचारियों को इस योजना का लाभ नहीं मिल पाएगा। लेकिन मौजूदा आँकड़ों के मुताबिक 75 फीसदी बीएमसी कर्मचारियों को इससे फायदा होगा। यह चरणबद्ध तरीके से किया जाएगा। साथ ही बीएमसी और उसके कर्मचारियों के काम में भी इजाफा होगा।

फंडा यह है कि...अगर आप अपने कर्मचारी से बेहतर और ज्यादा काम चाहते हैं तो उसे घर के नजदीक पोस्टिंग दें या दफ्तर के नजदीक घर दिलावाएँ। इससे दोनों की ही जीत होगी।

□□□